現代日本語訳

空海の秘《ひ》蔵《ぞう》宝《ほう》鑰《やく》

正木 晃

春秋社

はじめに

本書は、空海が書いた『秘蔵宝鑰』の現代語訳です。真言宗の開祖、空海が書いたのですから、密教の著作です。密教といえば、あらゆる仏教のなかでも、難解なことでは抜群といわれます。

しかし、本書は密教にかんする予備知識がなくても、読めばわりあい楽に理解できるようにくふうしています。なにしろ密教の書物ですので、ごく簡単に理解できるとまでは言いませんが、そんなに苦労しなくても、十分に読みこなせます。

これまでに『秘蔵宝鑰』の現代語訳は複数が出版されています。いずれもすぐれたお仕事です。ですから、なにをいまさら、という声も聞きます。

この点について、あえて申し上げますが、これまでに出版された『秘蔵宝鑰』の現代語訳は、密教にまつわる予備知識をすでにお持ちの方が対象のように、見受けられます。正直なところ、密教に興味はある、ただし予備知識はほとんどないという一般の方々が、一読してすぐ理解できるとはかぎりません。どうしても、かまえてしまうか、あるいは尻込みしてしまいがちです。

昨今、密教への関心は、かつてなく高まっている気配があります。たとえば、空海や密教美術をメインテーマとする展示は、他の仏教宗派が関係する展示を、はるかに凌駕する集客力があります。

そういうせっかくの機会に、空海の著作を気楽に読めないというのは、困ったものです。そこで、密教にかんする予備知識がなくても、読めばわりあい簡単に理解できるようにくふうしたのが、本書なのです。

具体的にいうと、この種の訳本でよく見られるような、専門用語や独特の表現を、本の後ろのところや訳文の下のところで、注釈として解説するのを止めました。なぜなら、わからない言葉が出てくるたびに、本の後ろの方をめくったり、訳文の下のところに視線を移していると、そのうち面倒くさくなって、読む気が失せてしまうからです。

その代わり、訳文のなかに、ごく自然に融け込むようなかたちで、説明することにしました。しかも、その説明も、一般的な注釈に比べると、かなり詳しくしてあります。中途半端な説明では、かえって読者を混乱させかねないからです。そのため原文にはない大幅な補足部分もありますが、その部分は〔　〕で表記しています。

『秘蔵宝鑰』全三巻は、天長七年（八三〇）に、淳和天皇が三論宗・法相宗・華厳宗・律宗・天台宗・真言宗にたいし、それぞれの教義をまとめて提出するように、勅命をくだしたとき、『秘密曼荼羅十住心論』全十巻とともに献上されました。

『秘蔵宝鑰』は空海にとって、最大かつ最高の著作とされる『秘密曼荼羅十住心論』の略本、つまりダイジェスト版といわれてきました。たしかに、『秘蔵宝鑰』にはそういう性格がありますし、『秘密曼荼羅十住心論』が全十巻なのにたいし、『秘蔵宝鑰』は全三巻ですから、ずっと短く、読みやすいのは事実です。

でも、それだけでは済みません。『秘密曼荼羅十住心論』にはない要素が、『秘蔵宝鑰』にはあるのです。その最たる例が、儒教をめぐる問答です。この問答は『秘蔵宝鑰』全体の五分の一を大きく超えていて、最晩年の空海にとって、儒教対策がいかに重要だったか、よくわかります。しかし、『秘密曼荼羅十住心論』では、この問題は論じられていません。

記述も、『秘蔵宝鑰』のほうがずっとすっきりして、明快です。客観性に富むインド宗教思想史として、読むことも可能です。『秘密曼荼羅十住心論』は、空海が慎重を期して、六百種以上にもおよぶ文献を引用していることもあり、正直言って、読むのは大変です。

したがって、『秘蔵宝鑰』が本論で、『秘密曼荼羅十住心論』はむしろ資料集と考えることもできなくはありません。少なくとも、空海が、淳和天皇に読ませたかったのは、まずまちがいなく『秘蔵宝鑰』のほうだったはずです。淳和天皇は、漢学をはじめ、さまざまな分野にわたる知見や教養を身につけ、当代一流の知識人だったようですが、『秘密曼荼羅十住心論』では、量的にも質的にも、とうてい対応できなかったとおもいます。

『秘蔵宝鑰』の特徴は、それだけにとどまりません。じつは、真言宗の長い歴史でも、『秘蔵宝鑰』のほうが『秘密曼荼羅十住心論』よりも重視されてきた事実がうかがわれるのです。その証拠に、『密教大辞典』(法蔵館)をひもとくと、『秘密曼荼羅十住心論』の注釈書の数が十程度しかあげられていないのに、『秘蔵宝鑰』の注釈書の数は四十以上にもおよんでいます。空海がきずきあげた真言密教の世界を意図どおりに理解し、さらに発展させるには、『秘蔵宝鑰』のほうがずっと使い勝手が良かったのでしょう。

また、『秘蔵宝鑰』は、真言宗の僧侶が必ず学ばなければならないとされる空海の著作、十種類を網羅する『十巻章』にもおさめられています。この点からも、『秘密曼荼羅十住心論』よりも『秘蔵宝鑰』のほうが、目にふれる機会がはるかに多かったことは、想像にかたくありません。

結論めいたことをいうなら、『秘蔵宝鑰』こそ、空海の真意をこんにちに伝える最良の書物なのです。ぜひ、頭から尻尾まで、読みとおしていただきたいとおもいます。そうすれば、空海がほんとうに言いたかったことが、よくわかるはずです。

現代日本語訳　空海の秘蔵宝鑰《ひぞうほうやく》　目次

現代日本語訳　空海の秘《ひ》蔵《ぞう》宝《ほう》鑰《やく》

第Ⅰ部

秘蔵宝鑰

現代語訳

秘蔵宝鑰　巻上

出家修行者　遍照金剛《へんじょうこんごう》　作

序

限りないのです。限りないのです。ほんとうに限りないのです。

ブッダの教えを説く書物とブッダ以外の教えを説く書物を合わせると、千万巻もあるのですから。

底知れないのです。底知れないのです。じつに底知れないのです。

人として歩むべき道を説く方法は、百種類もあるのですから。

もし、書物がなく、記憶することもできなければ、教えの根本を伝えるすべがありません。

そうなれば、教えの根本を誰ひとり知ることはできず、もちろんわたしも知ることはできません。

たとえ聖人であろうと、いくら考えてみたところで、教えの根本を知ることはできません。中国医学の祖とされる神農《しんのう》は、病人を救うために、みずから草木を口にふくんで、薬草を選び出したと伝えられます。

中国古代の周王朝が建国されるにあたり、最大の功臣であった周公旦《しゅうこうたん》は、つねに決められた方向を指し示す指南車を駆使して、軍勢が目指す方向をまちがえないようにしたと伝えられます。

欲望にまみれた欲界《よくかい》、欲望を超越し清浄な物質的存在しかない色界《しきかい》、欲望も物質的存在も超越して精神作用しかない無色界《むしきかい》からなる三界《さんがい》に住む生きとし生けるものは、自分が狂気にとらわれていても、それに気づきません。

哺乳類のように胎内から生まれる胎生《たいしょう》の生命体も、鳥類や爬虫類のように卵から生まれる卵生《らんしょう》の生命体も、魚や蛇のように湿り気から生まれる湿生《しっしょう》の生命体も、天界や地獄に住む者のように何らの原因なしに忽然と生まれる化生《けしょう》の生命体も、みなそろって真実を見極める眼をもっていないのに、それに気づきません。

こんな状態ですから、わたしたちは、生まれ生まれ生まれ生まれて生のはじめに救いの光明は見えず、死に死に死に死んで死の終わりにも救いの光明は見えないのです。

眼を病む人は、空中にありもしない花を見るといいます。亀の甲羅に付着している海草や苔を尻尾と見まちがえる人もいます。ようするに、ありもしないものを、あるように思い込んでいるのです。

それとまったく同じように、世間一般の人々は、永遠不滅の「我《が》」があるとあやまって認識し、心を惑わせ、かたくなに執着しています。

水を求める喉の渇いた鹿や野生の馬さながらに、人々は、心を汚し煩悩に火をつけるもろもろの感覚的な喜びに夢中です。あるいは、象が猛り狂うように、猿が枝から枝へと飛び跳ねるように、人々は真実とは縁のないもろもろの認識作用に心をかき乱されています。

こんなぐあいに、わたしたちは毎日毎日、十の悪徳を、むしろ喜んでおこなっているのです。すなわち人を殺し、盗み、欲望のままに性交し、悟ってもいないのに悟ったと言いふらし、真実に反して言葉を並び立て、他人の悪口を言い、二枚舌を使い、むさぼり、怒り、あやまった見解に固執して、いっこうに恥じないのです。

その一方、布施《ふせ》をしなさい、戒律をたもちなさい、苦難を耐えしのびなさい、努力しなさい、瞑想修行を実践しなさい、智恵を求めなさいと言われても、耳をかさず、心に受けいれようとはしません。

他人を誹謗中傷し、ブッダの教えを誹謗中傷し、そうした行為が悟りを開く可能性を焼き滅ぼすことになるとは、夢にも思っていません。酒浸りになり、性欲に夢中になり、あとでどんな報いを受けるか、考えもしません。

閻魔《えんま》大王とその配下の獄卒たちは、地獄に牢獄をかまえて、罪人を容赦なく断罪します。餓《が》鬼《き》の世界に堕ちた者は、口から炎を吐いて苦しみ、畜生《ちくしょう》の世界に堕ちた者は、重い荷物を背負わされて苦しみます。

生きとし生けるものは、欲界と色界と無色界からなる三界を輪廻《りんね》転生《てんしょう》し、胎生と卵生と湿生と化生という四種類の生命体の世界をさまよいつづけます。慈父のように優しく、偉大なブッダが、こんな悲惨な状況を見て、黙ったままでおられるはずはありません。ですから、さまざまな特効薬をつくり、さまざまな迷いを指摘されるのです。ブッダの本心は、まさにここにあるのです。

たとえば、中国の儒教が説くように、君臣と父子と夫婦がそれぞれ踏むべき道を踏み、個人が仁と義と礼と智と信という徳目を修めれば、社会の秩序はきちんと整えられて、乱れません。また、インドの外道《げどう》たちが説くように、現実世界を苦しく粗雑で障害が多い世界と認識して嫌悪し、天上界を浄く美しく苦しみをまぬがれている世界と認識して切望したうえで、四段階の瞑想を実践すれば、人間界を嫌悪し天上界を切望する気持ちがますます強くなって、心が安らぎます。

声聞《しょうもん》の教えが説くように、わたしたちを含むこの世の事物は、色《しき》（物質）と受《じゅ》（認識が生まれる前の瞬間に経験する感覚的な印象）と想《そう》（生まれたばかりの認識）と行《ぎょう》（その人がもっている精神的な傾向）と識《しき》（確固たる認識）から構成されていて、永遠不滅の「我」はどこにもないとわかれば、以下の八解脱《げだつ》とよばれる八種類の瞑想を実践します。

すなわち外界に物質的なものを見る第一の解脱。外界に物質的でないものを見る第二の解脱。物質的なものも物質的ではないものも、ともに汚れなく清らかなものと認識する第三の解脱。心の中に物質的なものの知覚も物質的ではないものの知覚もともに存在せず、すべては無限の虚空《こくう》にほかならないと見抜く第四の解脱（空無辺処解脱《くうむへんしょ》）。第四の解脱を超越して、すべては無限の意識にほかならないと見抜く第五の解脱（識無辺処解脱《しきむへんしょ》）。第五の解脱を超越して、なにものも存在しないと見抜く第六の解脱（無所有処解脱《むしょうしょ》）。第六の解脱を超越して、知覚があるのでもなく知覚がないのでもないと見抜く第七の解脱（非想非非想処解脱《ひそうひひそうじょ》）。第七の解脱を超越して、認識が生まれる前の瞬間に経験する感覚的な印象（受）も、生まれたばかりの認識（想）も、ともに消滅する第八の解脱（滅尽定解脱《めつじんじょう》）の八つです。

それらを実践すれば、六神通《ろくじんずう》、すなわち超人的な早さで移動できる「神足通《じんそくつう》」、なんでも透視できたり未来が見える「天眼通《てんげんつう》」、遠く離れていても聞こえる「天耳通《てんにつう》」、他人の心の読む「他心通《たしんつう》」、自他の過去世を知る「宿命通《しゅくみょうつう》」、煩悩をすべて絶って二度と迷界に生まれないことを悟る「漏尽通《ろじんつう》」を得ることができるのです。

縁覚《えんがく》（独覚《どっかく》）の教えが説くように、十二因縁《じゅうにいんねん》、すなわちあらゆる苦の根底には、迷いそのもの（無明《むみょう》）がある。迷いそのものから、ひたすら何かしようという勢い（行《ぎょう》）が生まれる。ひたすら何かしようという勢いから、認識（識《しき》）が生まれる。認識から、認識の対象（名色《みょうしき》）が生まれる。認識の対象から、眼・耳・鼻・舌・皮膚・心という六つの感覚器官（六処《ろくしょ》）が生まれる。眼・耳・鼻・舌・皮膚・心という六つの感覚器官から、認識されたもの（触《そく》）が生まれる。認識されたものから、好き嫌いとか暑い寒いとかいう感覚（受《じゅ》）が生まれる。好き嫌いとか暑い寒いとかいう感覚から、尽きることのない欲望（愛《あい》）が生まれる。尽きることのない欲望から、何が何でも欲しいという執着（取《しゅ》）が生まれる。何が何でも欲しいという執着から、人間の行為のすべて（有《う》）が生まれる。人間の行為のすべてから、苦しみに満ちた生命活動（生《しょう》）が生まれる。苦しみに満ちた生命活動から、年老いて死ぬこと（老死《ろうし》）が生まれる。したがって、老死を滅するためには、この因果関係を逆転させる必要があるというブッダの教えを体得すれば、永遠不滅の「我」はないという空の智恵のおかげで、「無明」をその根源からとりのぞくことができます。

インドの唯識派の教えを継承する法相宗《ほっそうしゅう》が説くように、如来にしか宿っていないとされる無縁の慈悲、すなわちなんらの原因や理由なしにはたらく慈悲の心をもって、この世の事物は実在せず、ただ心がそう認識しているにすぎないという真実を知れば、悟りへの道をさまたげる煩悩障《ぼんのうしょう》および正しい智恵が生じるのをさまたげる所知障《しょちしょう》という、二つの障害を断ち切れます。二つの障害を断ち切れば、わたしたち凡人の八識、すなわち眼識《げんしき》（視覚）と耳識《にしき》（聴覚）と鼻識《びしき》（嗅覚）と舌識《ぜっしき》（味覚）と身識《しんしき》（触覚）と意識と末那識《まなしき》（潜在意識）と阿頼耶識《あらやしき》（蔵識）を、鏡のようにすべてのものを映し出す智恵である「大円境智《だいえんきょうち》」、部分を的確に観察する智恵である「妙観察智《みょうかんざっち》」、表面上の差異にもかかわらずあらゆるものを貫く共通性を知る智恵である「平等性智《びょうどうしょうち》」、実践的な智恵である「成所作智《じょうしょさち》」という、四つの智恵に転換することができるのです。

インドの中観《ちゅうがん》派の教えを継承する三論宗《さんろんしゅう》が説くように、八不生《はっぷしょう》の瞑想を実践して、心は生じない・滅しない・断絶しない・連続しない・一ではない・別でもない・来ない・去らないという、心の本質にまつわる八つの真理を体得すれば、この世の事物は有るのでもなく無いのでもないという「空《くう》」の真理を理解できます。「空」の真理を理解できれば、無意味な思慮分別に時間をついやす必要はなくなり、認識主体と認識対象の対立をはじめ、ありとあらゆる二元論的な対立を超越して、心はやすらかな状態となり、もはや眼前の現象に惑わされることがなくなるのです。

天台宗が根本聖典としている『法華経《ほけきょう》』にもとづいて説くように、万人が悟りを開いて如来になれるという一乗の教えを、ほんとうに清らかであると瞑想できれば、慈悲をつかさどる観《かん》音菩薩《のんぼさつ》がお喜びになるでしょう。

華厳宗《けごんしゅう》が根本聖典としている『華厳経《けごんぎょう》』にもとづいて説くように、悟りを求める心を起こした瞬間に、四種法界《ししゅほっかい》とよばれる絶対真理、すなわち現象としてあらわれている事物の世界である事法界《じほっかい》、形のない真理の世界である理法界《りほっかい》、現象と真理のあいだに隔てがない世界である事理無礙法界《じりむげほっかい》、現象と真理が隔てなく融け合っている世界である事事無礙法界《じじむげほっかい》を、ありありと見通すことができれば、修行をつかさどる普賢《ふげん》菩薩が微笑まれるにちがいありません。

以上の段階を体験すれば、心の外側に付着しているありとあらゆる汚れがとりのぞかれ、真言密教の荘厳な曼荼羅《まんだら》世界がようやく開かれるのです。

真言宗の修行者が道場に入るにあたり、右目に月を象徴する𑖦（マ）字を、左目に太陽を象徴する𑖝（タ）字を、それぞれ瞑想すれば、その智恵の目は、無明とよばれる根源的な無知に閉ざされた闇をやぶり、太陽と月のように力あふれる瞑想の力のおかげで、真実智の持ち主である金剛薩埵《こんごうさった》が出現します。

如来部と金剛部と宝部《ほうぶ》と蓮華部《れんげぶ》と羯磨部《かつまぶ》をそれぞれつかさどる五人の如来たち、すなわち大日如来と阿閦《あしゅく》如来と宝生《ほうしょう》如来と阿弥陀《あみだ》如来と不空成就《ふくうじょうじゅ》如来が、悟りの智恵を象徴する印相を両手にむすんで、ならんでいます。

四種曼荼羅、すなわち大宇宙の普遍相を仏菩薩や神々の図像をもちいて表現する大曼荼羅、大宇宙の特殊相をシンボルをもちいて表現する三昧耶《さんまや》曼荼羅、大宇宙の真理を文字（梵字）をもちいて表現する法曼荼羅、大宇宙の活動を立体的な彫像をもちいて表現する羯磨曼荼羅が、全空間を埋め尽くしています。

不動明王《ふどうみょうおう》がひとたび流し目でキッとにらめば、過去世で積みかさねた悪しき行為のために課せられた輪廻転生の風が吹き止み、もう輪廻転生する必要がなくなります。

降三世《ごうざんぜ》明王が𑖮𑖳𑖽（ウン／吽）と三回となえれば、根源的な無知の波はきれいさっぱり消え去り、悟りへと至る道が開かれます。

八供養菩薩とよばれる八人の女性の菩薩たち、すなわち金剛嬉《こんごうき》菩薩、金剛鬘《こんごうまん》菩薩、金剛歌《こんごうか》菩薩、金剛舞《こんごうぶ》菩薩、金剛香《こんごうこう》菩薩、金剛華《こんごうけ》菩薩、金剛灯《こんごうとう》菩薩、金剛塗香《こんごうずこう》菩薩が、雲海のように、尽きることのない供養を、五人の如来たちにささげています。

四波羅蜜《しはらみつ》菩薩とよばれる四人の女性の菩薩たち、すなわち金剛波羅蜜菩薩と宝波羅蜜菩薩と法波羅蜜菩薩と羯磨波羅蜜菩薩が、真理によってしか得られない最高の喜びを享受しています。

菩薩が修行して到達すべき段階は五十二ありますが、そのうちの最上位にある十地《じゅうじ》の菩薩ですら、いま述べた悟りの世界を想像することはできません。十の心の世界のうち、第九段階の心の世界に到達した者ですら、いま述べた悟りの世界に近づくことはできません。この悟りこそ、まさに秘中の秘にして、悟りのなかの悟りなのです。

ところが、迷える者は、悟りという、みずからの心身のなかにある宝を発見できません。狂乱し、迷いに迷っている状態を、あやまって悟りと思い込んでいます。これを愚かと言わずして、なにを愚かと言いましょうか。

慈悲深い仏は、こうした迷える者たちを、なんとしてでも必ず救おうとしておられます。ですから、仏の教えでなければ、どうして迷える者を救えましょうか。

仏の教えという薬を投じてくださる理由は、ここにあるのです。その薬を服用しないで、どうして救いを得られましょうか。かといって、仏がお説きになった数々の教えを、これは優れている、これは劣っているというぐあいに、わきまえもなく論じたり、経典を手当たり次第に、声に出して読み上げたりすれば、医師の王ともいうべき仏のお叱りを受けることになります。

そこで、第一段階の心の世界から第九段階の心の世界にいたるまでの九種類の教えによって、心の外側に付着しているありとあらゆる汚れをとりのぞいて、迷いをぬぐい去ります。そのうえで、ダイアモンドのような永遠不滅の真理の宮殿にたとえられる第十秘密荘厳心《ひみつしょうごんしん》の教えによって、生きとし生けるものの心身のなかにある庫を開いて、宝をあたえるのです。

宝を得て最高の楽を享受するか、それとも宝を得ずして最高の楽を享受しないかは、あなたの心次第です。父親も母親も、かかわることはできません。あなたの心が、悟るか悟らないか、なのです。仏道修行にはげむ者は、この理をわきまえなければなりません。あらゆる願いをかなえてくれるという宝珠と、そのまがいものを、ちゃんと見極めなければなりません。驢馬のミルクと、牛のミルクからつくられるバターを、ちゃんと見極めなければなりません。絶対に見極めなければなりません。

深い心の世界と浅い心の世界の違いについては、経典や論書にはっきり説かれています。それはこのあとで、詳しく述べるとおりです。

ここまで述べてきたことを、詩句に託します。

全宇宙の永遠なる生命に、言葉では表現できない真理に、汚れなき存在に、虚空に等しき存在に、森羅万象の原因に、敬礼いたします。

キャ・シャ・タ・タ・ハ・ヤといった種字とよばれる一文字によって、仏菩薩をあらわす法曼荼羅に、敬礼いたします。

塔・旗・光・蓮・貝といった象徴によって仏菩薩をあらわす三昧耶曼荼羅に、敬礼いたします。

胎蔵《たいぞう》曼荼羅の中心部に配置される中台八葉院《ちゅうだいはちよういん》の五如来、すなわち大日如来、宝幢《ほうどう》如来、開敷華王《かいふけおう》如来、無量寿《むりょうじゅ》如来、天鼓雷音《てんくらいおん》如来に、敬礼いたします。

四波羅蜜菩薩ならびに八供養菩薩をはじめ、金剛界大曼荼羅を構成するすべての仏菩薩に敬礼いたします。

土や金属などのさまざまな素材をもちいて、立体の彫像で構成される羯磨曼荼羅に敬礼いたします。

以上のすべての曼荼羅を構成する、絶対の自由を獲得したありとあらゆる仏菩薩に、敬礼いたします。

いま、わたしは（淳和《じゅんな》天皇）陛下のご命令をうけて、十種類の心の世界を主題とする書物、すなわち『秘密曼荼羅十住心論《ひみつまんだらじゅうじゅうしんろん》』を書き上げました。

その目的は、誰もがいだいている三つの妄執、すなわち我という実体があるとみなす我《が》執《しゅう》、外界は実在するとみなす法執《ほうしゅう》、根源的な無知である無明《むみょう》を、すみやかに克服して、悟りの世界へとみちびきたいからにほかなりません。

迷いの霧をうちはらって、太陽の光を見れば、そこには無尽の宝があるのです。

その宝を、自分だけでなく、他の者がいくら使っても、日々に更新されて、尽きることはありません。

仏になろうと、発心しても、悟りの世界へ到達するためには、いくつもの段階をへなければなりません。

このことを、如来ははっきり説いておられます。

心を十の段階に分け、その段階をへてこそ、永遠の悟りの世界へ到達できるのです。

心に十の段階があることは、すでにお話ししました。

お願いですから、十の段階の名称と内実をお聞きください。

心の十の段階につけられた名称は、このあとすぐに列挙いたします。

よくお読みになって、進むべき方向をまちがわないでください。

第一　性欲と食欲のみに支配された最悪の段階（異生羝羊心《いしょうていようしん》）

異生とよばれる心底、無知な者は、迷いに迷って、おのれの非に気づきません。あたかも雄の羊のように、性欲と食欲だけに支配されている段階です。

第二　愚かな心にわずかながら善の心が芽生えた段階（愚童持斎心《ぐどうじさいしん》）

たとえ愚かな子どものような心しかもちあわせていない者であっても、なにかのきっかけがあれば、自分だけ満足できれば、それで良いわけではないと気づく段階です。他の者にもあたえる心が芽生えるのは、穀物の種がまかれて発芽するのに、よく似ています。

第三　神をあがめて一時的な安心を得た段階（嬰童無畏心《ようどうむいしん》）

仏教以外の信仰をもつ者は、神を信仰して、天上界に生まれ変わり、一時的な安らぎを得ることができる段階です。しかし、それは、幼子が母親の胸にいだかれて、安心しているようなもので、あくまで一時的な安らぎにすぎません。

第四　自我は実在していないと見抜いた段階（唯蘊無我心《ゆいうんむがしん》）

世界を構成している五蘊《ごうん》、すなわち色（物質）・受（対象に触れた瞬間に生じる感受）・想（感覚が認識に転じる原初の段階）・行（精神的な慣性／傾向性）・識（認識）が実在していることを認める一方で、自我は実在していないとみなす段階です。〔仏の教えを聞いて悟る者、すなわち声聞の段階です。〕

第五　因縁を理解し根源的な無知をとりのぞいた段階（抜業因種心《ばつごういんしゅしん》）

すべては十二因縁のなせるわざであることを体得し、生老病死の根本的な原因である無明、すなわち根源的な無知をとりのぞきます。このような過程をへて、迷いの世界を離脱する段階です。〔誰からも教えさとされることなく、独力で修行して悟る者、すなわち縁覚もしくは独覚とよばれる者の段階です。〕

第六　実在するのは自分の心だけと見抜いた段階（他縁大乗心《たえんだいじょうしん》）

縁もゆかりもなくても慈愛の心を起こすことによって、大乗仏教の利他救済の心が芽生えます。わたしたちが体験している現象は、じつは幻影にすぎず、実在していないことを見抜き、実在しているのは自分の心だけとみなす段階です。〔インドの学派でいえば、唯識派の段階です。〕

第七　空を理解して二元論的な対立を超越した段階（覚心不生心《かくしんふしょうしん》）

八不生の瞑想を実践して、心は生じない・滅しない・断絶しない・連続しない・一ではない・別でもない・来ない・去らないという、心の本質にまつわる八つの真理を体得すれば、わたしたちが体験している現象は、有るのでもなく無いのでもないという「空」の真理を理解できます。このように、「空」の真理を理解して、ありとあらゆる二元論的な対立を超越し、心がやすらかな状態となり、もはや眼前の現象に惑わされることがなくなる段階です。〔インドの学派でいえば、中観派の段階です。〕

第八　心の本性をきわめた段階（如実一道心《にょじついちどうしん》）

わたしたちが体験している現象と絶対の真理は、一つに融け合っていて、分けられず、そのまま清浄きわまりないのです。認識における主観と客観の区別もありません。このような心の本性を知る段階です。そして、その者こそ、如来とよばれるのです。〔天台宗の段階です。〕

第九　真理は眼前に顕現していると体得できた段階（極無自性心《ごくむじしょうしん》）

水にはこれと決まった本性はありませんが、風が吹けば、波立ちます。同じように、わたしたちの心が迷うので、六道とよばれる迷いの世界が波立つのです。華厳宗の段階では法界、すなわち絶対真理の領域を設定していますが、真言密教から見れば、その法界すらも究極の段階ではないのです。この教訓から、悟りを求めて、さらに進むことが重要です。

第十　ありとあらゆる真理をきわめた段階（秘密荘厳心《ひみつしょうごんしん》）

密教以外の仏教、すなわち顕教《けんぎょう》は、外側の塵を払うだけですが、真言密教は究極の真理を内蔵する庫の扉を開きます。庫の扉を開けば、究極の真理という秘宝がたちどころに現れて、仏法のありとあらゆる徳目が実現されるのです。〔これぞ、真言密教の段階にほかなりません。〕

第一　性欲と食欲のみに支配された最悪の段階（異生羝羊心《いしょうていようしん》）

「異生羝羊心」とは、なにでしょうか。煩悩にとらわれた人々は、はなはだしい無知という酒に悪酔いして、善悪の区別をつけられません。愚かな人々は、はなはだ無知で智恵に暗いために、善因楽果・悪因苦果という因果の理法を信じられません。そのような人々の心につけた名が、「異生羝羊心」です。

煩悩にとらわれた人々は、さまざまな行為をなして、さまざまな結果を生じ、その報いとして、さまざまなすがたかたちの生命体に生まれ変わるので、「異生」と名づけます。その愚かで無知なことといったら、「羝羊」、すなわち雄の羊が智恵に乏しく、力も弱いのにそっくりです。したがって、「羝羊」にたとえるのです。

人は誰しも、生まれたいと思って、生まれたわけではありません。死もまた、人は嫌います。しかし、そうは言いながら、生まれ変わり生まれ変わっては、地獄・餓鬼《がき》・畜生《ちくしょう》・修羅《しゅら》・

人《にん》・天の六道をめぐりつづけ、死に変わり死に変わっては、地獄・餓鬼・畜生に沈みっぱなしです。

わたしを生んだ父も母も、わたしがどこから生まれてきたのか、知りません。父と母から生まれてきたわたしも、死んだらどうなるのか、知りません。

過去をふりかえってみても、真っ暗な闇に閉ざされていて、生の初めがどうだったのか、まったく見えません。未来をのぞもうとしても、生の終わりがどうなるのか、まったくわかりません。

太陽と月と星辰は天空高く輝いていますが、わたしの心の眼は、よく見えない犬の眼と同じで、よく見えません。中国の名山を代表する嵩山《すうざん》と泰山《たいざん》と衡山《こうざん》と華山《かざん》と恒山《こうざん》の五岳に登ろうとしても、わたしの心の眼は、すぐ迷ってしまう羊の眼と同じで、迷いっぱなしです。

朝に夕にあくせくと、何を着るか、何を食べるか、という思いにばかりとらわれています。せわしなくあちこち走りまわって、名声や利益の落とし穴にはまり込んでばかりいます。

それだけではありません。磁石が鉄を吸い寄せるように、男と女は互いをつよく求め合います。前漢の武帝の時代に編纂された『淮南子《えなんじ》』によると、水晶を熱して月の光のもとに置けば、水分を招き寄せるように、父と子は互いにつよい愛情でむすばれています。

しかし、父と子の仲むつまじい関係は、永遠不滅なる親愛の情にもとづいているのでしょうか。夫婦の愛し合う関係は、永遠不滅なる愛の所産と言えるのでしょうか。

父子の関係も、夫婦の関係も、川の水が絶え間なく流れつづけているように、あるいは火が絶え間なく炎をあげているように、無常なるものでしかありません。ひたすら妄想の縄でがんじがらめに縛りつけられ、むなしく根源的な無知の酒に酔いしれているようなものです。楚の襄《じょう》王が夢のなかで愛する神女に会ったようなものであり、旅先の宿ですぐ旅立ってしまう人と会うようなものです。

中国の道教によれば、万物は以下のような過程をへて、生成されたといいます。まず、道とよばれる根源が、元気を生じました。つぎに、元気が陰と陽の二気を生じました。ついで、陰と陽の二気が混じり合って天地人の三つが生じ、そこから万物が生じました。その結果、事物が存在することになったのです。

インドのバラモン教によれば、自在天という神が、この宇宙を創造したといいます。もしくは、梵天という神が、この宇宙を創造したともいいます。

しかし、道教の説にしても、バラモン教の説にしても、わたしたち人間が、どこから、どういうぐあいに生じてきたのか、という根本的な問いに対する答えは、もちあわせていません。もちろん、死者の起源については、まったく説明できません。

この世のありさまを観察すると、豹や狼やライオンや虎のような肉食の猛獣は、ほかの動物を食い殺しています。鯨や怪魚マカラのような巨大な肉食魚は、ほかの魚類を丸呑みにしています。金翅鳥《こんじちょう》は龍を食らい、羅刹《らせつ》（悪鬼）は人間を食らいます。人間とほかの畜類は、互いに食いあい、まさに弱肉強食の世界です。

まして、人間が弓や矢をつかって狩りをすれば、イノシシや鹿をはじめ、野生動物は絶えてしまいます。漁網を川に張れば、魚やスッポンをはじめ、水を住処とする動物は滅びてしまいます。鷹や隼を飼い慣らして狩りをすれば、雉子《きじ》や鶴は怖がって涙を流します。犬をつかって狩りをすれば、狐や兎は断腸の思いをします。

このようにして、野生動物や水産動物や鳥類を狩り尽くしても、人間はまだ満足しません。厨房が捕まえてきた野生動物や水産動物や鳥類でいっぱいになっても、なお食べたらないと文句を言います。

強盗犯や窃盗犯は珍しい宝物に眼がくらんで、処刑されます。美しい女性の色香に惑わされて性交すれば、合意があっても、むりやりでも、ともに身を滅ばします。

嘘やへつらいや悪口や二枚舌という言葉による四つの行為は、他人を傷つける斧となります。貪欲と瞋《いか》りと愚かさという心の三つの過失は、自制心を失わせ、その害毒は自分に返ってきます。

このように、自分にも他人にもなんら恥じることなく、数知れぬ罪を次から次へとつくっています。自分で罪を犯すだけにとどまらず、他人をそそのかして罪を犯させています。その結果、いつも数えきれないほど多くの罪を犯しているのです。

以上のように、悪い行為を一つでもなせば、地獄や餓鬼や畜生の世界に生まれ変わるという苦をまねきます。善い行為を一つでもなせば、常楽我常《じょうらくがじょう》の四徳、すなわち常住で永遠に不滅不変であり、苦を離れた真の安楽であり、あらゆる制約から自由な自我の実現であり、煩悩を離れ浄化された清浄な境地である、悟りの世界にみちびかれます。しかし、このことを知らないのです。

人間は死ぬと、気とよばれるエネルギーの一種にもどってしまい、二度と生まれ変わらないと主張する者がいます。これを断見《だんけん》といいます。

人間は死ぬと、そのなかにあった永遠不滅で絶対不変の霊魂が、あたかも着物を着替えるように、新たな肉体を得て、再び人間に生まれ変わり、動物でもそれはまったく同じという見解があります。同じように、身分の高い者はまた身分の高い者に生まれ変わり、身分の低い者はまた身分の低い者に生まれ変わるとか、豊かな者はまた豊かな者に生まれ変わり、貧しい者はまた貧しい者に生まれ変わるという見解があります。これを常見《じょうけん》といいます。

あるいは、牛戒や犬戒といって、牛のように生きることや犬のように生きることが、天上界に生まれ変わるための必須要件だという見解があります。また、死体をガンジス河に投げ込めば、天上界に生まれ変われるという見解があります。この種の見解を邪見《じゃけん》といいます。邪見を主張する外道の数は数えきれません。

これらはいずれも、この迷いの世界を離脱する要諦をわきまえず、あやまった見解にもとづいて、行動しています。このような者たちはみな、羝羊の心とよばれる境涯にいるのです。

ここまで述べてきたことを、詩句に託します。

世間一般の人々は、善と悪の区別がつかず、善因楽果・悪因苦果という因果の理法があることを、信じていません。

ひたすら目の前の利害損得ばかり見ているので、地獄の業火《ごうか》を知るはずがありません。

人を殺し、盗み、欲望のままに性交し、悟ってもいないのに悟ったと言いふらし、真実に反して言葉を並び立て、他人の悪口を言い、二枚舌を使い、むさぼり、怒り、あやまった見解に固執して、いっこうに恥じず、永遠不滅で絶対不変の霊魂が実在すると主張しています。

迷いの世界である欲界と色界と無色界にしがみついている状態では、煩悩の鎖から逃れられる者など、ひとりもいません。

質問します。どの経典にもとづいて、異生羝羊心という項目を立てているのですか。

お答えします。真言密教が、『金剛頂経《こんごうちょうぎょう》』とともに、二大聖典として尊重する『大日経』の「住心品《じゅうしんぼん》」という章に説かれています。

どのように説かれているかというと、つぎのとおりです。

大日如来がこう説法なさいました。「わたしの説法を聞く聴衆の筆頭に位置し、如来にしか知り得ない最高の秘密をも知り得るゆえに秘密主とも、また金剛杵《こんごうしょ》を手にするゆえに金剛手菩薩ともよばれる者よ。無限の過去からずっと、迷いの世界に生まれ変わり死に変わりしてきた、愚かな子どものような世間一般の者たちは、自我という実体があるとか、その自我がなにかを所有しているという観念にとらわれているために、自我について、あれこれと、無数の見解を述べ立てるのです。秘密主よ。もし、かの者が、自我の本性をありのままに観察することができなければ、かの者は、自我という実体があるとか、その自我がなにかを所有しているという観念からのがれられません。

そのほかにも、たとえば、カーラヴァーディン学派の見解によれば、時間が実在し、時間こそが宇宙創生の根本原因にほかなりません。

地・水・火・風・空の元素が実在し、それらのうちの一つが根本原因となって、万物が生まれるという見解もあれば、それらが融合し合って、万物が生まれるという見解もあります。

ヨーガを実践する学派に共通する見解によれば、ヨーガの最中に体験する自我こそ、真の自我にほかなりません。

この世の事物は実在するとみなしたうえで、この見解にもとづいて修行すべきだと主張する建立浄《こんりゅうじょう》も、この世の事物は実在しないとみなしたうえで、この見解にもとづいて修行すべきだと主張する不建立無浄《ふこんりゅうむじょう》の見解も、深い教えではありますが、まだ煩悩から解放されていません。

ミーマンサー学派の見解によれば、声もしくは言葉の本体は永遠の過去からずっと実在し、永遠に不変であるといいます。また、声もしくは言葉の本体は、なんらかの縁によって生じ、いったん生じてしまえば、永遠に不変であるという学派もあります。そうかとおもうと、声も言葉も実在せず、声も言葉も完全に絶った境地こそ、最高の境地だという見解もあります。

秘密主よ。以上のような自我をめぐる見解は、はるかな昔から、ものごとを分析的な方法論によって解明しようという態度とむすびついています。そして、おのおのがおのおのの理論にもとづいて、悟りを求めてきたのです。

秘密主よ。愚かな子どものような世間一般の者たちが、無知で、性欲と食欲だけに支配されている羝羊のようであるという理由は、以上にしめしたとおり、自我の実在というあやまった見解にとらわれているからなのです」

〔金剛薩埵ともよばれる金剛手から、大日如来がお説きになった真言密教の教えをさずかり、人間界に伝えた龍猛《りゅうみょう》菩薩が書き、唐の時代に真言密教をひろめた不空三蔵《ふくうさんぞう》（七〇五〜七七四）が翻訳したとされる『菩提心論《ぼだいしんろん》』は、悟りを求める心（菩提心）を、苦しむ人々を救いたいという慈悲の心（行願心《ぎょうがんしん》）、この世の事物は空であると認識する智恵の心（勝義心《しょうぎしん》）、みずからの内面にひそむ清浄なる心を瞑想する心（三摩地心《さんまじしん》）の、つごう三つの方向から説きあかし、ひいては現にいま生きている身体のままで悟りを得るという即身成仏《そくしんじょうぶつ》へとみちびいてくれる書物です。その〕『菩提心論』に、こう書かれています。

世間一般の者たちは、名声や利欲にとらわれ、生活するうえで必要な用具に目をうばわれ、ひたすら自分の身が安泰であるようにつとめ、貪欲と瞋りと愚かさにふりまわされ、いろかたち・音声・香り・味・手触わりといった五種の感覚的な欲望にふけっています。しかし、真言密教を実践しようとする者は、これらを心の底から嫌悪しなければなりません。ことごとく捨て去らなければなりません。

第二　愚かな心にわずかながら善の心が芽生えた段階（愚童持斎心《ぐどうじさいしん》）

葉がみな枯れ落ちて裸になってしまった樹木でも、そのままずっと枯れしぼんだままでいるわけではありません。春が来れば、葉が茂り、花が咲きます。厚く張った氷でも、ずっと氷のままでいるわけではありません。夏になれば、溶けて、流れ出します。穀物の芽も、湿り気があれば、発芽します。果実も、季節が来れば、実をむすびます。

人も同じです。

たとえば、中国の晋《しん》王朝（二六五～四二〇）の歴史を記録した『晋書』に、こんな話が書かれています。戴淵《たいえん》（?～三二二）は、晋に滅ぼされた呉の名族に生まれながら、品行おさまらず、遊侠を好んでいました。あるとき、晋の文学者としても政治家としても名高い陸機《りくき》（二六一～三〇三）が乗る船を、仲間とともに襲ったそうです。ところが、襲われたほうの陸機から、戴淵の指揮がすばらしいと絶賛され、感激のあまり剣を投げ捨て、改心しました。以来、陸機と親しくまじわり、手柄をいろいろ立てて、ついには晋の官軍をひきいる高官にまで立身出世しました。

同じく、『晋書』には、こんな話も書かれています。やはり呉の名族に生まれた周処《しゅうしょ》（二三六〜二九七）は、若いころは乱暴者で、郷里の人々から毛嫌いされていましたが、本人にその自覚はありませんでした。しかし、あるとき、それを知った周処は恥じて、おこないをあらためます。学問にはげんで、忠孝の道をきわめ、建国して間もない晋にとって、政治と軍事の両面で、かけがえのない人材となったのでした。

これらの事例は、原石が磨かれた結果、たぐい稀な宝石になったようなものです。もしくは、中国の前漢の時代に活躍した大文章家の司馬相如《しばしょうじょ》（前一七九〜前一一七）がつくった詩にあるとおり、鯨が死ぬと、その目が明月珠とよばれる宝石と化して、夜の闇を照らすようなものです。

ようするに、ものには、これと決まった性質はないのです。ですから、人がいつもいつも悪人でありつづけるわけではないのです。良い縁にめぐまれれば、なみの者でも、最高の道をもとめるのです。

教えをすなおに受けいれるなら、愚かな世間一般の者たちであっても、賢者や聖人になる可能性を秘めています。羝羊であろうと、これと決まって動かせない性質があるとはいえません。

子どものように愚かな者であろうと、いつまでも愚かなままでいるとはかぎりません。

したがって、人々にもともとそなわっている仏としての性質が内側から目覚め、仏の光が外側から差せば、たちまちおのれの欲望をおさえ、他の者にほどこすようになります。善なる心は、ちょうど植物の種が芽生え、茎が伸び、葉が茂るように、成長していきます。花が咲き、実がむすぶように、成長していきます。悪を目にすれば、熱い湯に手を入れても瞬時に引き上げるように、さっと避けます。善を目にすれば、及ばずながらも、ならおうとします。

儒教が説く五常を少しずつ学び、仏教が説く十善戒、すなわち殺さず（不殺生《ふせっしょう》）、盗まず（不偸盗《ふちゅうとう》）、淫欲にふけらず（不邪淫《ふじゃいん》）、悟ってもいないのに悟ったと嘘をつかず（不妄語《ふもうご》）、二枚舌をつかわず（不両舌《ふりょうぜつ》）、悪口を言わず（不悪口《ふあっく》）、大げさな表現をせず（不綺語《ふきご》）、むさぼらず（不貪欲《ふとんよく》）、怒らず（不瞋恚《ふしんに》）、あやまった見解をもたず（不邪見《ふじゃけん》）という十種類の善行をすばらしいとあこがれます。

五常とは、仁と義と礼と智と信です。

このうち、仁は仏教の不殺生に相当します。また、他人のことを我が身に置き換えて、ほどこしをすることでもあります。

義は仏教の不偸盗に相当します。また、自分の分を節約して、他の者にあたえることでもあります。

礼は仏教の不邪淫に相当します。また、世の中には、礼儀を通してこそ、冠婚葬祭などの秩序がかたちづくられることでもあります。

智は仏教の不飲酒に相当します。また、よくしらべてから決定を下し、道理をよくわきまえることでもあります。

信は仏教の不妄語に相当します。また、言行一致のことでもあります。

以上、五つの徳目を実践すれば、春夏秋冬はおだやかに進行し、この世の事物を構成する五行、すなわち木・火・土・金・水の五つの根源的な要素が、おのおのその本分にしたがってはたらいて混乱しません。中国では古来、天下泰平になれば、金鏡とよばれる不思議な力をもつ鏡が出現すると言い伝えられてきましたが、まさにそのような天下泰平の世となるのです。

国において実践すれば、天下は隆盛となります。家において実践すれば、だれもが道に落ちている物を拾って隠したりしなくなります。自分自身の名声を博し、先祖の名をひろめるうえで、これくらい良いすべはありません。国を安定させ、人々の安全を保証する最善の風習でもあります。

この五つの徳目を、儒教では五常といい、仏教では五戒といいます。名称は違っていても、内容はよく似ています。

ただし、同じような行為でも、儒教と仏教とでは、得られる利益は同じではありません。五戒でなければ、悪を断ちきり善をおさめる根本にも、苦悩を脱し真の安楽を得る端緒にも、なりえないのです。

ですから、ある経典に、くわしくこう説かれているのです。

宇宙の中心には須弥山《しゅみせん》がそびえ、その東西南北にはそれぞれ大陸がありますが、下位の五戒をまもる者は、南方の瞻部洲《せんぶしゅう》に生まれます。中位の五戒をまもる者は、東方の勝身洲《しょうしんしゅう》に生まれます。上位の五戒をまもる者は、西方の牛貨洲《ごけしゅう》に生まれます。上上位の五戒をまもり、かつ無我をきわめる者は、北方の倶盧洲《くるしゅう》に生まれます。

これら四つの大陸には、おのおの王がいます。その王に、五種類あります。粟散《ぞくさん》王と金輪《こんりん》王と銀輪王と銅輪王と鉄輪王です。これら五種類の王たちは、過去世において、十善戒を実践したために、その果報によって、いま、王の地位にあるのです。

ですから、『仁王護国般若波羅蜜多経《にんのうごこくはんにゃはらみたきょう》』上巻の「菩薩行品」に、こう説かれているのです。

十善戒を実践する菩薩は、悟りを開きたいという大いなる心を起こして、欲界・色界・無色界という、苦悩にさいなまれたまま輪廻転生をくりかえす世界を、とこしえに離れます。

そして、中下位の十善戒を実践した者は、粟散王になることができます。上位の十善戒を実践した者は、鉄輪王になることができます。修行に励んで、菩薩が得られる菩薩五十二位のうち、下から数えて第十一番目から第二十番目の位に到達した者（習種《しゅうしゅ》＝十住）は、銅輪王になることができます。これらの王たちは、二つの天下を治めます。

修行に励んで、菩薩が得られる菩薩五十二位のうち、下から数えて第二十一番目から第三十番目の位に到達した者（十行《じゅうぎょう》）は、銀輪王になることができて、三つの天下を治める資格を得られます。

もうすぐ悟りを開く可能性をもち、いかなる事態に遭遇しても揺るがない徳をそなえる、菩薩五十二位のうち、下から数えて第三十一番目から第四十番目の位（十廻向）に達した金輪王は、金・銀・ラピスラズリ・シャコガイ・瑪瑙《めのう》・真珠・カーネリアンという七つの宝を所有し、四つの天下を治めます。

いま、この経文を考えてみますと、国王も人民も、五戒や十善戒を実践するからこそ、人間界に生まれてこられたのです。いいかえると、五戒や十善戒を実践せずに、人間界に生まれてはこられないのです。前世で善行に励んだからこそ、現世で人間に生まれてこられたのです。

とすれば、いま、生きているうちに善行に励まなければ、次の生では、地獄・畜生・餓鬼という悪しき境涯に堕ちてしまうにちがいありません。

春に種をまかなければ、秋にその実りを収穫できません。仏教を信仰する男性も女性も、五戒や十善戒の教えを尊重しなければなりません。いくえにも、尊重しなければなりません。

十の悪がもたらす報い、ならびに十の善がもたらす報いについて、またすぐれた国王の治世と凡庸な国王の治世については、『秘密曼荼羅十住心論』にくわしく述べましたので、ぜひお読みください。

ここまで述べてきたことを、詩句に託します。

子どものように愚かな者でも、貪欲や怒りの毒を少しだけでも消すならば、生活するうえで規律をまもることがいかにすばらしいか、すぐに思いあたります。

仏になる可能性が内面にきざして、善心が生まれ、植物の芽が出て、茎が伸び、葉が茂っていくように、悟りへと導いてくれるすぐれた道程を、喜んで実践するようになります。

五常と十善戒を少しずつでも実践していけば、粟散王も金輪王も銀輪王も銅輪王も鉄輪王もみなそろって、その教えを仰がずにはいられません。

質問します。この章で説かれた心の世界は、どの経典にもとづいているのでしょうか。

お答えします。『大日経』の「住心品」です。この経典にどのように説かれているのかというと、以下のとおりです。

愚かな子どものような世間一般の者たちでも、小さなきっかけで、一つの想いの生じることがあります。その想いとは持斎《じさい》、すなわち月の八日と十四日と十五日と二十三日と二十九日と三十日の、つごう六日の六斎日に、自分は一日中食べないで、他の者にほどこし、同時に殺さず、盗まず、悟ってもいないのに悟ったと嘘をつかず、酒を飲まず（不飲酒《ふおんじゅ》）、歌舞音曲を見たり聞いたり女性と戯れたりせず（不歌舞観聴《ふかぶかんちょう》）、香水をつけたり装飾品で身を飾ったりせず（不著香薫衣《ふじゃくこうくんえ》）、高くて広い寝台の上で寝ず（不上高広床《ふじょうこうこうしょう》）、正午を過ぎたら食事をとらず（不過中食《ふかちゅうじき》）という八関斎《はっかんさい》をまもる、という想いです。

この持斎について、少しでも想いをめぐらすならば、そこに喜びが生まれます。喜びが生まれれば、さまざま実践をすることになります。

秘密主よ。こうして、種が発芽するように、善行の可能性が初めて生まれることになるのです。

また、このことがきっかけとなって、六斎日には、父母や兄弟姉妹、あるいは親戚縁者に施しをするようになります。これは第二段階にあたり、植物が芽生えたばかりで、まだ茎が十分に成長していない状態にたとえられます。

また、親戚でも縁者でもない人々に、施しをするようになります。これは第三段階にあたり、茎は十分に成長したものの、まだ葉が出ていない状態にたとえられます。

また、器量が大きく徳の高い人物に、施しをするようになります。これは第四段階にあたり、葉が茂り、大きく広がってきた状態にたとえられます。

また、音楽を演奏する者や年長の人々などに、喜んで施しをするようになります。これは第五段階にあたり、花が開く状態にたとえられます。

また、父母に対する親愛の情をもって、多くの人々に施しをし、供養するようになります。これは第六段階にあたり、植物が実をむすぶ状態にたとえられます。

第三　神をあがめて一時的な安心を得た段階（嬰童無畏心《ようどうむいしん》）

嬰童無畏心とは、仏教以外の宗教を信仰する者たち、すなわちバラモン教徒（ヒンドゥー教徒）たちが人間界をきらい、世間一般の者たちが天上界に生まれ変わりたいと願う心のことです。上は、三界《さんがい》のうちの最上位で、もはや欲望も物質的な条件も克服し、もはや精神的な作用しかない無色界《むしきかい》のなかでも、最上位にあり、有頂天《うちょうてん》ともよばれる非想非非想天《ひそうひひそうてん》に生まれ変わりたいと願います。下は、不老不死の仙人たちが住むという仙界の宮殿に住みたいと願います。

天上界に住む者たちは、身体の大きさが四万由旬《ゆじゅん》、つまり数十万キロメートル、寿命が八万劫《ごう》、つまりほとんど無限に近い時間の八万倍もあるとされますから、下界を腫れ物みたいにきらい、人間をまるではかない生命しかもたないカゲロウみたいに見るのです。

天上界に生まれ変わった者たちが発する光は、太陽も月も相手にならないくらい明るく輝き、そこで得られる良い果報は、転輪聖王《てんりんじょうおう》にもまさるといわれます。しかし、そんな者たちも、かの偉大なブッダに比べれば、自分ではなにもできない生まれたての赤ん坊みたいなもので、はるかに劣り、かつ愚かな存在にすぎません。

嬰童無畏心の「無畏」とは、天上界に生まれ変わろうと、仙界の宮殿に住もうと、苦悩や束縛を、少しはまぬがれるので、無畏、すなわち安らぎというのです。しかし、それでは、涅槃《ねはん》という究極の楽を得られないので、「嬰童」、すなわち子どもというのです。

質問します。こんな話があります。中国の前漢の時代に、淮南《わいなん》王だった劉安《りゅうあん》（〜前一二二）が仙薬を服用して天に昇ったとき、庭にいた犬も、残っていた仙薬をなめて、天に昇ったそうです。同じく、後漢の時代に、仙人になるために修行していた費長房《ひちょうぼう》の竹の杖が、龍に化して、天に昇ったそうです。これらは、片方は仙薬のおかげであり、もう片方は費長房の師だった壺公《ここう》の術のおかげでした。

では、天上界に生まれ変わる者たちは、どのような教えのおかげで、もしくはどのような師のおかげで、さきほどの説明のような、自在に動きまわり光明を放つ身体を得たり、長寿の楽しみを得たりできたのでしょうか。

また、天上界に、どれくらい種類があるのか、その名をあげて、教えてください。

ご質問をうけたまわりました。鐘は叩けば響き、谷はこだまを返すと申します。質問されたからには、お話しないわけにはまいりません。

猛毒を自分で解毒することはできません。やはり名医でなければ、治療できません。すべての願いをかなえてくれるという摩尼《まに》宝珠も、原石のままでは宝にはなりません。腕の良い職人が磨いて、初めて宝となるのです。つまり、名医と腕の良い職人は同じ役割をになっていると言えます。

わたしたちの師である世尊もまた、名医や腕の良い職人にたとえられます。如来のもつ徳は、数限りありません。一つ一つの徳は、それぞれ一つ一つの身体をもつ教え主となって、あらわれます。そして、相手の宗教的な資質にあわせ、いろいろな身体を使い分けて、さまざまな真理の教えを説き、生きとし生けるものを救済するのです。

ですから、『大日経』の「住心品《じゅうしんぼん》」に、こう説かれているのです。

生きとし生けるものすべてを救うためにこの世においでになったお方（如来）であり、供養されるにふさわしいお方（応供《おうぐ》）であり、歴史や時間の制約を超えた智恵の持ち主（正遍知《しょうへんち》）であるお方は、聖俗すべてを知る智恵（一切智智）を得て、数えきれないほど多くの生きとし生けるもののために教えを広め、さまざまな境涯、さまざまな生まれながらの個々の欲望に応じて、さまざまな方便を駆使し、聖俗すべてを知る智恵について、お説きになります。

あるいは、教えを聞いて悟るという声聞《しょうもん》の道について、お説きになります。あるいは、たった独りで修行して悟るという縁覚《えんがく》の道について、お説きになります。あるいは、大乗仏教の菩薩の道について、お説きになります。あるいは、五つの神通力、すなわち世界中どこでも透視できる天眼通《てんげんつう》、自分と他人の過去世を知る宿命通《しゅくみょうつう》、自由自在に移動できる神境通《じんきょうつう》、世界中の声を聞ける天耳通《てんにつう》、他人の心中を知る他心通《たしんつう》にまつわる智恵の獲得をめざす者の道について、お説きになります。

あるいは、天上界に生まれ変わるための方法について、お説きになります。あるいは、人間や龍や夜叉《やしゃ》に生まれ変わるための方法について、お説きになります。あるいは、仏教を守護する八護法神の一人であり、音楽をつかさどる神でもある乾闥婆《けんだつば》に生まれ変わるための方法について、お説きになります。あるいは、同じく八護法神の一人である大蛇神（摩睺羅伽《まごらが》）に生まれ変わるための方法について、お説きになります。

いま、この経文を考えてみますと、声聞の道も縁覚の道も大乗仏教の菩薩の道も、人間界に生まれる者の道も天上界に生まれる者の道も、ことごとく如来はお説きになっています。したがって、もし、如来の教えどおりに修行するならば、その者は、天上界はもとより、どこへでも生まれ変わることができるのです。

質問します。もし、そうだとすれば、バラモン教徒たちのなす行為もまた、みな仏教と言えるのでしょうか。

お答えします。これには、二つの種類があります。一つは、仏の教えにかなうものです。もう一つは、仏の教えにかなわないものです。仏の教えにかなう理由は、如来のお説きになることとぴったり一致するからです。仏の教えにかなわない理由は、仏のお説きになることと一致しないからです。

もともとは仏の教えであっても、無限の過去から現在に伝えられるあいだに、もともとの趣旨を失ったり、もともとの趣旨から逸脱したのです。あるいは、自分勝手に解釈し、牛戒や犬戒といって、牛のように生きることや犬のように生きることが、天上界に生まれ変わるための必須要件だと思い込んでいるのです。このようなたぐいの者は、もともとの趣旨を失っていると言えます。

質問します。もし、これが仏の説というのであれば、仏になるにはただ一つの道しかないという仏乗（一乗）だけを、率直に説けば良いのであって、天上界に生まれ変わる道などを説く必要はないはずです。

お答えします。人々に資質の違いがあるため、それに対応せざるをえないのです。医学にたとえるなら、そのほかの薬では、効果が望めないからです。

質問します。天上界に生まれ変わることや、それを説く師については、すでにお聞きしましたので、天上界がいくつあるか、教えてください。

お答えします。天上界には、大きく分けて三つあります。欲界《よくかい》と色界《しきかい》と無色界《むしきかい》です。まず、さまざまな欲望にさいなまれつづける人間界よりはましとはいえ、まだ欲望を完全には断ちきれない者たちが住む欲界には、六つの天界があります。四天王天・忉利天《とうりてん》・夜摩天《やまてん》・都史多天《としたてん》（兜率天《とそつてん》）・楽変化天《らくへんげてん》・他化自在天《たけじざいてん》です。

まだ肉体は残っているものの、欲望を完全に断ちきり、もっぱら禅定《ぜんじょう》（瞑想）にはげむ者たちが住む色界には、十八の天界があります。色界は、禅定のすすみぐあいによって、初禅天・二禅天・三禅天・四禅天の、つごう四つに分けられます。

初禅天には、梵衆天《ぼんしゅてん》・梵輔天《ぼんほてん》・大梵天《だいぼんてん》の、つごう三つの天界があります。二禅天には、少《しょう》光天《こうてん》・無量光天《むりょうこうてん》・極光浄天《ごくこうじょうてん》の、つごう三つの天界があります。三禅天には、少浄天《しょうじょうてん》・無量《むりょう》浄天《じょうてん》・遍浄天《へんじょうてん》の、つごう三つの天界があります。四禅天には、無雲天《むうんてん》・福生天《ふくしょうてん》・広果天《こうかてん》・

無想天《むそうてん》・無煩天《むぼんてん》・無熱天《むねつてん》・善見天《ぜんけんてん》・善現天《ぜんげんてん》・色究竟天《しきくきょうてん》の、つごう九つの天界があります。

欲望も肉体も完全になくなり、精神作用のみ残っている無色界には、空無辺天《くうむへんてん》・識無辺天《しきむへんてん》・無処有天《むしょうてん》・非想非非想天《ひそうひひそうてん》の、つごう四つの天があります。〔ちなみに、無色界には物質的な存在がまったくないので、通常の意味における「有る」とか「無い」という概念を超越しています。〕

これら二十八種類の天上界は、どれくらい海のかなたにあるのか。そこに住む者たちの身体は、どれくらいの大きさなのか。寿命はどれくらいの長さなのか。それらについては、『秘密曼荼羅十住心論』にくわしく書いたとおりですから、ここでは煩わしさを避けるために、はぶかせていただきます。

質問します。天上界の名称や数については、すでにうかがいました。重ね重ね恐縮ですが、天上界の様相をお教えください。

お答えします。バラモン教徒たちも、三宝とか三学などの名称を立てています。三宝は、仏教では仏宝《ぶっぽう》と法宝《ほうぼう》と僧宝《そうぼう》を指します。しかし、バラモン教では、梵天《ぼんてん》（ブラフマン）などの神々を覚宝とし、四つのヴェーダ聖典などを法宝とし、それらの聖典を伝授したりそれらの聖典にもとづいて修行したりする者を僧宝とし、かれらなりの十善戒などを戒律としています。

かれらが実践する四種類の瞑想は、仏教の禅定《ぜんじょう》にあたります。四種類の瞑想は、六行によって、得られます。六行の「六」とは、苦悩・粗雑・障害・清浄・殊勝・遠離を言います。そして、下界を嫌って苦悩・粗雑・障害の想念をいだき、天上界にあこがれて清浄・殊勝・遠離を瞑想するのです。この瞑想によって、徐々に上の界に生まれ変わっていくとともに、梵天などの創造主のほかは、この世の事物は実在していない、虚妄《こもう》であるという境地（他主空三昧《たしゅくうさんまい》）に達して、空を知る智恵が生まれるのです。

バラモン教徒たちは、いま説明したとおり、かれらなりの戒律と瞑想と智恵の三学によって、天上界の妙なる快楽を得ようとします。しかし、かれらの道は究極の道ではないので、生死を超越して涅槃に至ることはできません。天上界の最上位にある非想非非想処（有頂天）をめざしても、逆に地獄に堕ちてしまうのは、矢を空中に向かって射ても、すぐ力を失って、地上に落ちてきてしまうのと同じです。ですから、天上界の快楽など、願うものではありません。

質問します。バラモン教徒たちは、三学を実践して色界や無色界に生まれ変わり、梵天などの創造主のほかは、この世の事物は実在していない、虚妄であるという境地（他主空三昧）に達して、とかくあやまった見解を生みがちな言語活動を離れ、妄想にとらわれがちな思考を断つと説明してくださいましたが、それならば、なぜ、かれらは煩悩を断ち切って、涅槃に至ることができないのですか。

お答えします。いくら瞑想しても、人は死ねば、霊魂も肉体も消滅してしまうとみなす断辺《だんぺん》と、人は死んでも、肉体は消滅するものの、霊魂は永遠不滅とみなす常辺《じょうへん》という、両極端の見解にとらわれたままだからです。また、いくら瞑想しても、この世の事物は実在しているとみなす有見《うけん》と、この世の事物は実在していないとみなす空見《くうけん》という、両極端の見解にとらわれたままだからです。

質問します。バラモン教徒たちも瞑想して、創造主たる神々も死後における霊魂もこの世の事物も、有るのでもなければ、無いのでもないという認識に達することがあります。それなのに、なぜ、断辺と常辺、有見と空見というあやまった見解に堕してしまうのですか。

お答えします。すべてを創造主にゆだねて、因縁による中道《ちゅうどう》という究極の真理を知らないからです。直接的な原因（因）と補助的な原因（縁）によって生じたものは「有る」と見抜ければ、断見にはおちいりません。同時に、直接的な原因（因）と補助的な原因（縁）によって生じたものは「空」であると見抜ければ、常見にもおちいりません。また、「有る」と「空」が両立しているのが絶対真理の世界にほかならないと見抜ければ、肯定にも否定にもとらわれないという、中道の正しい瞑想が成就します。この中道の正しい瞑想が成就すれば、すみやかに涅槃の境地に到達できるのです。

バラモン教徒たちは、あやまった見解にとらわれているために、この理を知りません。もし、この理を耳にすれば、かれらでも羅漢《らかん》、すなわち小乗仏教の聖者くらいの境地には到達できるはずです。


質問します。戒律をまもった結果、天上界に生まれ変わる者には、いくつくらいの種類があるのですか。

お答えします。天上界に生まれ変わる者に、四つの種類があります。一つ目はバラモン教徒たちで、すでに説明したとおりです。二つ目は声聞たちと縁覚たちで、かれらもまた天上界に生まれ変わります。三つ目は大乗仏教の菩薩たちです。その理由は、かれらが、欲界の六つの天上界と色界の四つの天上界を合わせた十の天上界を支配する王になるからです。四つ目は、教えをひろめるにあたり、相手の資質にあわせて姿を自在に変えることができる仏菩薩たちが、天上界に生まれ変わります。その理由は、仏菩薩たちが、天上界で仏の教えを広めるために、天上界を支配する王の姿に変身して現れることがあるからです。くわしいことは『秘密曼荼羅十住心論』に書いたとおりです。

ここまで述べてきたことを、詩句に託します。

バラモン教徒たちは、一念発起して、天上界でしか体験できない快楽をもとめ、戒律を厳しくまもって、神々に帰依します。

最高の悟りを開いた、修行完成者である如来を、かれらは知りません。梵天や龍神たちの教えがほんとうの教えでないことを、知るよしもありません。

下界を嫌って苦悩・粗雑・障害の想念をいだき、天上界にあこがれて清浄・殊勝・遠離を瞑想した結果、無色界に生まれ変わったものの、烈日のもとで自分の四方に火を燃やし、太陽の熱と四方の火で身心をあぶるような苦しみに、ひたすらさいなまれるのです。

バラモン教徒たちは、断見と常見、実在と虚妄という両極端の見解にもとづいて、良い境涯に生まれ変わりたいと願っています。もし、世尊（如来）にお会いすることができれば、自分たちの見解があやまっていることに気づくはずです。

質問します。いまお答えになった心の世界は、どの経典もしくは論書にもとづいて、そう説明されたのでしょうか。

お答えします。『大日経』の「住心品」ならびに『菩提心論』です。

『大日経』の「住心品」にどう説かれているのかというと、こう説かれています。

秘密主よ。その人が戒律をまもった果報として、天上界に生まれ変わるゆえんは、受用《じゅゆう》種子《しゅうじ》とよばれる第七段階の心の状態に到達できたからなのです。〔すなわち、「第二愚童持斎心」の末尾に引用した『大日経』の「住心品」に、第一段階から第六段階へ至る心の世界について、こう説かれていたことを思い出してください。

種が発芽するように、善行の可能性が初めて生まれる第一段階。

植物が芽生えたばかりで、まだ茎が十分に成長していない状態にたとえられ、六斎日に、父母や兄弟姉妹、あるいは親戚縁者に施しをするようになる第二段階。

茎は十分に成長したものの、まだ葉が出ていない状態にたとえられ、親戚でも縁者でもない人々に、施しをするようになる第三段階。

葉が茂り、大きく広がってきた状態にたとえられ、器量が大きく徳の高い人物に、施しをするようになる第四段階。

花が開く状態にたとえられ、音楽を演奏する者や年長の人々などに、喜んで施しをするようになる第五段階。

植物が実をむすぶ状態にたとえられ、父母に対する親愛の情をもって、多くの人々に施しをし、供養するようになる第六段階。

このように、善い行為が善い結果を生み、善い結果が善い行為を生む、以上の六段階をへて、この第七段階の心の世界では、果実が熟したので、それを賞味できるようになるのです。そこで、受用種子とよばれるのです。」

また、つぎに秘密主よ。この第七段階に到達した心で、生と死を繰り返す世界を流転するとき、正しい道理を説く者から、こういうことを聞くのです。「これは神です。偉大な神なのです。ありとあらゆる快楽をあたえてくださる存在なのです。丁寧に供養するならば、すべての願いをかなえてくださるのです。

その神とは、自在天（シヴァ神）、梵天（ブラフマン）、那羅延天《ならえんてん》（ヴィシュヌ神）、商羯羅天《しょうぎゃらてん》（シャンカラ神＝繁栄をつかさどるシヴァ神）、自在天子（色界の頂点である色究竟天にいるシヴァ神）、日天《にってん》、月天《がってん》、龍神たちです。もしくは、五種類の神通力を身につけた神仙たちやヴェーダ聖典を伝えた偉大なバラモンたちです。それぞれを、あまねく供養しなさい。」

第七段階の心の世界に到達した者は、以上の説法を耳にして、心に喜びを生じ、神々や神仙たちを丁寧に敬い、その命にしたがい、修行に励みます。このように、愚かな子どもみたいな凡庸きわまりない者たちが、神々を崇拝することで、一時的な安らぎを得ている心の段階を、第八段階の児童の心というのです。

さらに、こうも説かれています。

また、バラモン教の教えにも、すぐれた行為はあります。バラモン教が説く教えのなかでも特にすぐれたものを学べば、解脱へと向かう智恵が生じます。その智恵とは、常と無常と空です。どういう内容かというと、創造主のみ永遠不滅であり、創造主によって創造されたすべてのものは無常であり空虚であるという教えです。このような教えにもとづいて、解脱をめざすのです。

秘密主よ。バラモン教徒は、空であるものと空でないものについて、正しく理解していません。すなわち、空とは、実体のあるものでもなく、実体のないものでもないと正しく理解していません。いいかえると、実体があるとみなす常見か、実体がないとみなす断見かの、いずれかに固執しています。空とは、ほんとうは、有るのでもなければ、無いのでもないという意味です。バラモン教徒は、概念的な思考（分別《ふんべつ》）に終始しているにもかかわらず、それが概念的な思考とは知らず、概念的な思考を超える智恵（無分別《むふんべつ》）だと思い込んでいます。これでは空をほんとうに理解できるはずがありません。もろもろの存在が空であることを見抜けなければ、涅槃に至れません。ですから、空をほんとうに理解して、断見と常見をともに離れなければならないのです。

（以上の点について、わたし（空海）が注解すると、こういうことになります。バラモン教徒は、解脱をめざして、さまざまな苦行に励みます。しかし、断見と常見、空見と有見という教えは、牛の乳を求めるために、乳房ではなく、角を絞っているようなものです。もし、かれらが因縁、つまりすべての存在は直接的な原因と間接的な原因によって、生じたり滅したりするという空の正しい理解を得るならば、たちどころに解脱を得られるはずです。）

『大日経』の「具縁品《ぐえんぼん》」には、こう説かれています。

秘密主よ。世間一般に通用している教えでは、因果も業《ごう》も生じたり滅したりするとみなされていますが、こういう考え方は、因果も業も、創造主にゆだねられていると信じられているからこそ、成り立つのです。その結果、因果や業はもとより、創造主によって創造されたすべてのものは空であると瞑想されるのです。これが世間一般に通用している教えにもとづく瞑想です。

また、こうも説かれています。

さまざまな神々について、真言密教が真理の立場からあえて説く理由は、説くことで生きとし生けるものに利益をあたえようと、仏がなさっているからにほかなりません。

龍猛《りゅうみょう》菩薩がお書きになった『菩提心論』には、こう説かれています。

仏教以外の宗教を信仰する者たちは、みずからの身命《しんみょう》を惜しむがゆえに、ある者は仙薬を服用して、仙人たちが住むという宮殿におもむき、不老不死を得ようとします。また、ある者は、天上界に生まれ変わることこそ、無上の宗教的境地と信じています。

真言密教の修行者は、かれらをよく観察しなければなりません。善き行為の力が尽きてしまえば、欲界・色界・無色界の三界を離れることなどできません。煩悩がなお残り、前世から引きずってきた罪過はまだ消えず、悪しき想念が頭をもたげてきます。そんな状態では、苦悩の海に深く沈んだままで、出ることはできません。

ですから、仏教以外の宗教の教えなど、幻か夢か陽炎《かげろう》のように、はかないものだと言うのです。

第四　自我は実在していないと見抜いた段階（唯蘊無我心《ゆいうんむがしん》）

そもそも、なまくら刀に、中国の春秋時代、呉王の命令でつくられた名剣として名高い鏌耶《ばくや》のような切れ味は期待できません。土をこねてつくられた龍に、中国の古代神話に登場する黄帝《こうてい》が召し使っていたという応龍のような能力があるはずがありません。

中国の燕山《えんざん》（現在の河北省にある）から産出する「燕石」というまがい物の玉とほんものの宝石を混同してしまう人がいます。「璞」を彫り出したままでまだ磨いていない玉の意味で用いる地方と、日干しのネズミを意味する「璞鼠《はくそ》」の意味で用いる地方があって、宝石と混同してしまう人がいます。このように、名称と実物を混同してしまうことは、古来、よくありがちです。

したがって、以下のようなことが起こりがちなのも、当然です。

ヴァイシェーシカ学派が主張する六つの原理もしくはカテゴリー（実体・属性・運動・普遍・特殊・内属）の名称を、仏教が主張する真理の名称と混同しがちです。サーンキヤ学派が主張する二十五の原理（精神原理・原質・理性・自我意識・思考器官・眼・耳・鼻・舌・皮膚・手・足・排泄器官・生殖器官・意識・音声・視覚・嗅覚・味覚・触覚・地・水・火・風・空）の名称を、仏教が主張する真理の名称と混同しがちです。

梵天《ぼんてん》（ブラフマン）や那羅延天《ならえんてん》（ヴィシュヌ神）に対して使われる「覚宝（目覚めた者）」という呼称を、仏教の「覚者（目覚めた者）＝仏陀」と混同しがちです。

爪を切らず長くしたままだったので、長爪梵志《ちょうそうぼんし》ともよばれたカウシュティラ（倶羞羅《くちら》）は、マウドガリヤーヤナ（目犍連《もくけんれん》）とならんで二大弟子とされるシャーリプトラ（舎利弗《しゃりほつ》）の叔父ですが、そのカウシュティラが仏弟子になる前に説いたとされる、どんな見解であろうとすべて認めないという主張を、仏説と混同しがちです。ブッダの入滅後、その教えをめぐる解釈の違いから二十もの学派が分立しましたが、そのなかでもきわめて有力だった犢子部《とくしぶ》（ヴァーチープトリーヤ）が主張した「プドガラ（補特伽羅）」という学説、つまり言語では表現できない輪廻転生《りんねてんしょう》の主体が存在するという説を、仏説と混同しがちです。

しかし、このような見解はみな、解脱《げだつ》を求める智恵をいたずらに労するばかりで、涅槃に至る根源を知ることができないのです。そこで、偉大なる世尊は、大乗仏教を大きな白牛が引く車にたとえるとすれば、か弱い羊が引く車にたとえられる声聞《しょうもん》の教えをお説きになって、地獄・畜生・餓鬼という最悪の境涯から、生きとし生けるものを救おうとされるのです。生苦・老苦・病苦・死苦・愛別離苦《あいべつりく》（愛する者と別離しなければならない苦）・怨憎会苦《おんぞうえく》（怨み憎んでいる者と一緒にいなければならない苦）・求不得苦《ぐふとくく》（求めてやまないものが得られない苦）・五蘊盛《ごうんじょう》苦《く》（私たちの心身を悩ませてやまない苦）という八苦を生み出す悪しき行為（業《ごう》）から、生きとし生けるものを救おうとされるのです。

声聞に対する仏の教えは、経典と戒律と論書に網羅され、苦集滅道《くじゅうめつどう》という四つの真理（四《し》諦《たい》）、すなわち人生は苦であり、苦の原因は煩悩であり、煩悩を滅すれば悟りが開け、そのための道が確かにある、という真理を瞑想することが根本です。

また、三十七段階にわたって設定された修行の階梯、すなわち四念処《しねんじょ》・四正勤《ししょうごん》・四如意《しにょい》足《そく》・五根《ごこん》・五力《ごりき》・七覚支《しちかくし》・八正道《はっしょうどう》は、声聞が悟りへと至る実践的な修行にほかなりません。

四念処の修行について、説明します。身念処《しんねんじょ》では、身体は不浄であると瞑想します（不浄《ふじょう》観《かん》）。受念処《じゅねんじょ》では、すべての精神作用は苦であると瞑想します（一切皆苦《いっさいかいく》）。心念処《しんねんじょ》では、心の無常を瞑想します（諸行無常《しょぎょうむじょう》）。法念処《ほうねんじょ》では、思考や感受の対象は実在していないと瞑想します（諸法無我《しょほうむが》）。

四正勤の修行について、説明します。断断《だんだん》では、すでに生じてしまった悪を排除するように勤めます。律儀断《りつぎだん》では、まだ生じていない悪を生じさせないように勤めます。随護断《ずいごだん》では、まだ生じない善を生じさせるように勤めます。修断《しゅだん》では、すでに生じた善をさらに増大させるように勤めます。

四如意足（四神足《しじんそく》）の修行について、説明します。欲如意《よくにょい》では、すぐれた瞑想が可能になるように念願します。勤如意《ごんにょい》では、すぐれた瞑想が可能になるように努力します。心如意《しんにょい》では、すぐれた瞑想が可能になるように、心の修練に励みます。観如意《かんにょい》では、すぐれた瞑想が可能になるように、智恵を働かせて、対象を思惟し観察します。

五根の修行について、説明します。五根とは、信根《しんこん》・精進根《しょうじんこん》・念根《ねんこん》・定根《じょうこん》・慧根《えこん》であり、信仰の基礎的な力・努力の基礎的な力・心に対象を維持しておく基礎的な力・瞑想の基礎的な力・智恵の基礎的な力を意味します。五根を実践するとは、具体的にいうと、心に対象を維持しておく基礎的な力を最大限に高める一方で、信仰の基礎的な力と智恵の基礎的な力、努力の基礎的な力と瞑想の基礎的な力とを、バランス良く発達させることです。

そして、五根の修行を実践した結果、得られるのが信力《しんりき》・精進力《しょうじんりき》・念力《ねんりき》・定力《じょうりき》・慧力《えりき》からなる五力にほかなりません。したがって、五根と五力は、実質的には同じ修行になります。

七覚支の修行について、説明します。七覚支とは、悟りを開くための七つの方法という意味で、以下の七つの項目からなります。念覚支《ねんかくし》は、心に、いま、この瞬間に生じている現象を自覚するという方法です。択法覚支《ちゃくほうかくし》は、行為の善悪を見極めて、選択するという方法です。精進覚支《しょうじんかくし》は、さらなる努力をめざすという方法です。喜覚支《きかくし》は、実践を重ねていくと、心の喜びが生じ、この喜びが悟りへと至る起動因になるという方法です。軽安覚支《きょうあんかくし》は、さらにさらに実践を重ねていくと、心だけでなく、身体にも軽やかさを感じ、この軽やかさが悟りへと導いてくれるようになるという方法です。定覚支《じょうかくし》は、心を集中させて、決して乱れさせないという方法です。捨覚支《しゃかくし》は、対象にとらわれないという方法です。

　八正道の修行について、説明します。八正道とは、悟りを開くためになすべき修行として定められた実践項目で、正見《しょうけん》・正思惟《しょうしゆい》・正語《しょうご》・正業《しょうごう》・正命《しょうみょう》・正精進《しょうしょうじん》・正念《しょうねん》・正定《しょうじょう》からなります。正見は、正しい思想あるいは正しい見解を獲得することです。正思惟は、正しい心のあり方を獲得することです。正語は、正しい言葉を獲得することです。正業は、正しい行為を獲得することです。正命は、正しい生活を獲得することです。正精進は、正しい努力を獲得することです。正念は、正しい目的を見失わない力を獲得することです。正定は、正しい瞑想を獲得することです。

　声聞の修行は、以上のとおりです。

　つぎに、声聞の道を歩む者たちがたどる階梯について、説明します。」

四向四果《しこうしか》は、声聞の道を歩む者たちがたどる階梯を四つに分け、それぞれを導入（向）と成就（果）の二局面から定義しています。具体的にいうと、預流《よる》向／預流果・一来《いちらい》向／一来果・不還《ふげん》向／不還果・応供《おうぐ》向／応供果になります。このうち、預流とは、聖者の流れに入るという意味で、人間界と天上界のあいだを、最大で七回、往来すれば、悟りに至る位にあり、須陀洹《しゅだおん》ともよばれます。一来とは、一度だけ生まれ変わるという意味で、人間界から天上界に生まれ変わり、再び人間界に生まれ変われば、悟りに至る位にあり、斯陀含《しだごん》ともよばれます。不還とは、もう二度と生まれ変わらないという意味で、欲界には生まれ変わらず、色界にのぼって悟りに至る位にあり、阿那含《あなごん》ともよばれます。応供とは、供養を受けるにふさわしい者という意味で、今の生が終われば、悟りに至り、二度と再び三界には生れ変わらないとされる位にあり、阿羅漢《あらかん》ともよばれます。

つぎに、声聞のために説かれた認識論について、説明します。

声聞のための教えでは、認識の機能は眼・耳・鼻・舌・皮膚・意識の、つごう六つの器官にかぎられ、第七の思慮の機能をつかさどる末那識《まなしき》も、第八の根源的な意識にほかならない阿頼耶識《あらやしき》も説かれていません。

聖者となるために必要な時間は、資質に恵まれた者ならば、前生（前世）と今生（現世）と来生（来世）の三つの生涯とされ、資質に恵まれていない者ならば、六十劫《こう》もかかるとされています。

悪しき行為を防ぐためには、二百五十の戒が制定されています。善き行為を推奨するためには、四念処の瞑想と八解脱の瞑想を実践します。

〔すなわち、四念処の瞑想では、身念処として、身体は不浄であると瞑想します（不浄観）。受念処として、すべての精神作用は苦であると瞑想します（一切皆苦）。心念処として、心の無常を瞑想します（諸行無常）。法念処として、思考や感受の対象は実在していないと瞑想します（諸法無我）。

八解脱の瞑想では、以下の八段階の瞑想を実践します。外界に物質的なものを見る第一の解脱。外界に物質的でないものを見る第二の解脱。物質的なものも物質的ではないものも、ともに汚れなく清らかなものと認識する第三の解脱。心の中に物質的なものの知覚も物質的ではないものの知覚もともに存在せず、すべては無限の虚空《こくう》にほかならないと見抜く第四の解脱（空《くう》無辺処《むへんしょ》解脱）。第四の解脱を超越して、すべては無限の意識にほかならないと見抜く第五の解脱（識無辺処《しきむへんしょ》解脱）。第五の解脱を超越して、なにものも存在しないと見抜く第六の解脱（無所《むしょ》有処《うしょ》解脱）。第六の解脱を超越して、知覚があるのでもなく知覚がないのでもないと見抜く第七の解脱（非想非非想処《ひそうひひそうじょ》解脱）。第七の解脱を超越して、認識が生まれる前の瞬間に経験する感覚的な印象（受）も、生まれたばかりの認識（想）も、ともに消滅する第八の解脱（滅尽定《めつじんじょう》解脱）です。〕

半月に一回ひらかれる反省会では、長老が罪過について説き、戒律をちゃんと守っていたか犯したかが、たちどころに判明します。夏安居《げあんご》といって、毎年、雨がよく降るインドの夏の九十日間にわたり、出家僧たちが一箇所にあつまって修行する期間が明けると、凡庸な者と聖者になれる者とがはっきり分かれます。

頭を剃り、衣を身につけ、鉄鉢と錫杖《しゃくじょう》を手にします。虫も殺さないように、ゆっくりと歩きます。坐るときは、姿勢をただし、息の出入りを数えて、心を落ち着かせます。これが、声聞たちがなすべき身体のふるまいです。

「草木を切れ」とか「金銭を受けとれ」などと、直接的な表現を使ってはなりません。そういうときは、「これを知りなさい」というぐあいに、きれいで間接的な言葉を使います。絶世の美女を眼にしても、屍を見ているような感覚で対処します。このようにして、心と言葉を清らかにするのです。

墓場では、目を閉じて、白骨を瞑想します。町や村を歩いて食を乞うときは、粗末な物で満足します。雨が降ったら、木陰で雨宿りします。ですから、立派な家屋など、必要ありません。糞掃衣《ふんぞうえ》とよばれるぼろぼろの衣で、寒暑をしのぎます。ですから、豪華な衣服など必要ありません。

人の身心は色と受と想と行と識の五つの要素から構成されていて、どこにも実体はないと見抜く瞑想（生空三昧《しょうくうさんまい》）を実践して、アートマン（我）はまるで幻や陽炎《かげろう》みたいなもので、実在していないと認識します。そのおかげで、苦を見極めたので、もう苦を見極める必要はないと認識し、集《しゅう》を断じたので、もう集を断じる必要はないと認識し、滅をあきらかにしたので、もう滅をあきらかにする必要はないと認識し、道《どう》を実践したので、もう道を実践する必要はないと認識する智恵、すなわち無生智《むしょうち》を得られます。また、苦集滅道から構成される四諦の、苦を見極め、集を断じ、滅をあきらかにし、道を実践したと認識する智恵、すなわち尽智《じんち》を得られます。無生智と尽智を得られたので、煩悩は再び起こりません。煩悩が再び起こらないので、未来世に生まれ変わることがなくなります。

　声聞がもつ神通力は、太陽や月を隠し、天地を逆さまにするほど強力です。過去・現在・未来を見通す眼をもっています。十八種におよぶ超自然的な力（十八神変《じゅうはちじんぺん》）、すなわち震動（ありとあらゆる世界を揺り動かす）、熾然《しねん》（上半身から火を出し、下半身から水を出す）、流布（光を放射する）、示現（仏国土や地獄の様相をしめす）、転変（水を火に変え、火を水に変える）、往来（嶮しい山谷を自在に往来する）、巻（極小化させる）、舒《じょ》（極大化させる）、衆像入身（あまたの人々をはじめ、外界の事物をみずからの身体の内部にありありと見る）、同類往趣（相手と同じすがたかたちになれる）、隠（すがたを隠す）、顕（すがたを現す）、所在自在（どこへでも行ける）、制他神通（他の人の神通力を制圧する）、能施弁才（人々に説法の能力をあたえる）、能施憶念（人々に絶大な記憶力をあたえる）、能施安楽（人々の身心を安楽にする）、放光（光を放って環境を浄化し、仏教にまつわる重要な儀式をいとなむ）という十八種類の超自然的な力を発揮します。石の壁など無きがごとく通り抜け、空中を飛ぶこともできます。

声聞のもつ徳は、世界を支配する聖王とされる転輪聖王《てんりんじょうおう》ですら、頭を下げるほど高く、バラモン教の神々のなかでも最高位にある帝釈天《たいしゃくてん》（インドラ）や梵天（ブラフマン）が帰依し、仏教の護法神を自任する天龍八部衆（天衆・龍衆・夜叉衆・乾闥婆《けんだつば》衆・阿修羅《あしゅら》衆・迦楼羅《かるら》衆・緊那《きんな》羅《ら》衆・摩睺羅伽《まごらが》衆）がお仕えし、僧侶も尼僧も男女の在家信者もみな尊敬するほどです。

このようにして、声聞は、色と受と想と行と識から構成される人間という存在が、あたかも泡か霧みたいにはかないと見抜いて嫌い、塗炭の苦しみにさいなまれる地獄と畜生と餓鬼の三つの悪しき境涯を憎みます。すぐれた瞑想がもたらすすがすがしい境地を願って、心はまるで大空のごとく広々とし、静寂に満たされて、なすところがない状態を理想とします。これほどの安楽が、他にあるはずがないと声聞は信じて疑いません。

そして、声聞は、灰身滅智《けしんめっち》といって、自分の身心が完全になくなることこそ、悟りにほかならないとみなしています。

声聞のために説かれた教えは、おおむね以上のとおりです。この教えでは、外界の事物を構成している根源的な要素（蘊《うん》）は実在すると主張するので、「唯蘊」と表現されます。また、永遠不滅の「我（アートマン）」は実在しないとみなすので、「無我」と表現されます。そして、ある特定のものを選んで、かたくなに守ろうとする原則をつらぬくので、「唯」と表現されます。

憂国公子と玄関法師の問答

問答（一）

憂国公子《ゆうこくこうし》が玄関法師《げんかんほっし》に、こう尋ねました。

いま、声聞のために説かれた教えが、人間およびこの世のありとあらゆる存在について、どう説明しているか、うかがったわけですが、この教えが、人間界や天上界に生まれ変わることだけを目的とする教えよりも、はるかにすぐれ、この教えを実践する者が、帝釈天や転輪聖王にもまさることを理解しました。

世界中どこでも透視できる天眼通、自分と他人の過去世を知る宿命通、煩悩を断絶して悟りを得る漏尽通、自由自在に移動できる神足通、世界中の声を聞ける天耳通、他人の心中を知る他心通という六種類の神通力を獲得し、自分と他人の過去世を知る宿住智証《しゅくじゅうちしょうみょう》明、生きとし生けるものの未来の生死を知る死生智《ししょうち》証明、仏法の真理を知り煩悩を断絶する漏《ろ》尽智《じんち》証明という三つの智恵（三明《さんみょう》）をすべてかねそなえています。

人々や神々がみなそろって尊敬するのも、当然といえます。また、声聞を稲にたとえて、稲に十分な肥料をあたえて、悟りという豊かな実りが得られるならば、その実りの一部は、肥料をあたえた者にもまわってくるという考え方、つまり福田《ふくでん》が成り立つのも当然といえます。

ですから、昔から、聖帝とか賢臣と称讃されるすぐれた方々が、立派な伽藍《がらん》を建立し、そこに僧侶たちを住まわせ、そのための費用をまかなうために、支配下にある人民をあまた動員したり、耕作地をひろく開拓したりしてきたのです。

これらの行為は、ひとえに国家が平和になり、人民が安楽に暮らせるようにするためでした。

しかし、現状を見ますと、僧侶も尼僧も、頭を剃り落としていても、欲望はそり落としていません。衣は定められた色に染めていても、心は仏法に染めていません。戒律はちっとも守らず、瞑想修行はまったく不十分で、智恵はひどく乏しいままです。法にそむき、行いの乱れようは、いたるところに見られます。明けても暮れても、権力者の寵臣や愛妾に、あるいはもっと身分の低い者にすら、媚びへつらっています。

こんな状態ですから、仏教僧の生活態度は悪い方向へどんどん進み、仏道修行はすたれるばかりです。

旱魃や洪水が頻繁に起こり、疫病が毎年のように流行しています。天下は乱れ、国家にお仕えする者も一般の人民も、塗炭の苦しみにあえいでいます。こういうことになっている原因は、仏教者が堕落しているからにほかなりません。

したがって、この際、出家して僧尼になる道を閉ざさなければなりません。仏教者を保護するのも、止めなければなりません。

もし、ほんとうに仏道をきわめた聖者がいれば、わたしもその前にひざまずいて、崇めたてまつりましょう。国家をあげて、保護いたしましょう。

これを聞いて、玄関法師は、こう答えました。

おっしゃることは、ごもっともです。いま、あなたがなさったご質問は、まことに有益です。お願いですから、中国古代の神話的な初代帝とされる黄帝《こうてい》に、耳がすばらしく良いので音楽をもって仕えたと伝えられる伶倫《れいりん》のような感受性の高い耳で、もしくは孔子の弟子で、随一の秀才と伝えられる顔回《がんかい》（前五一四〜前四八三）のような賢い心で、よく聞き、よく考えてみてください。まずは、例を一つ二つあげて、あなたの疑問を解いてさしあげましょう。

そもそも、極小の羽虫は、大鵬《たいほう》の巨大な翼を見られません。ヤモリは、龍王のなかの龍王である難陀《なんだ》龍王の巨大な鱗を知りません。カタツムリの小さな角では、天上を突けません。中国の北方にあったという僬僥《しょうぎょう》という国に住んでいた、身長が三尺しかない人々では、大海の底を踏めません。生まれながら目が見えない人は、太陽も月も見られません。耳が聞こえない人は、雷鳴を聞けません。愚かで、しかるべき機能がちゃんとそなわっていない者というのは、こんなものなのです。

また、そもそも、ものごとには善いこともあれば悪いこともあり、人には賢い者もあれば愚かな者もあります。賢い者は稀であり、愚かで悪い者はいくらでもあります。麒麟《きりん》とか鸞鳥《らんちょう》とか鳳凰《ほうおう》は、動物のなかでもごく稀にしかいないすぐれた存在です。摩《ま》尼《に》宝珠とか金剛石（ダイアモンド）は、鉱石のなかでもごく稀にしか産出しない貴重な存在です。

人間界でいうなら、抜きんでてすぐれている者は賢者とか聖者とよばれます。帝王の第一は、堯《ぎょう》と舜《しゅん》です。最高の皇后は、周の文王の母親です。臣下として絶賛されてきたのは、黄帝の二代後に帝位に就いた嚳《こく》に仕えた八人の善人（八元）、すなわち伯奮・仲堪・叔献・季仲・伯虎・仲熊・叔豹・季貍。そして、黄帝の後に帝位に就いた顓頊《せんぎょく》に仕えた八人の智者（八凱）、すなわち蒼舒・隤敳《たいがい》・檮戭《とういん》・大臨・尨降《ぼうこう》・庭堅・仲容・叔達です。

麒麟や大鵬がひとたび世に現れれば、天下は泰平となります。摩尼宝珠や金剛石がひとたび発見されれば、その声に万物が応じて、願いがかないます。

同じように、聖天子が世に現れれば、世界はなにごともなく、治まります。賢臣が政務を助ければ、天子はなにもしなくても、国はおのずと治まります。

しかし、聖天子が世に現れるのは稀であって、せいぜい千年に一度くらいです。天子を助ける賢臣は得がたく、五百年に一人くらいしか現れません。摩尼宝珠はその名を聞くばかりで、実物にお目にかかったことはなく、麒麟や鳳凰を実際に見た者はいません。

だからといって、麒麟や鳳凰が見つからなかろうと、鳥獣のたぐいを根絶やしにしてはなりません。如意宝珠が手に入らなかろうと、金や玉のたぐいを捨ててしまってはなりません。

堯や舜はこの世に二度と現れないからといって、天下を治める君主に人材を得ないとは限りません。八元や八凱はもう二度とこの世に現れないからといって、全土の臣下をみな辞職させるわけにはいきません。

孔子はとうの昔に亡くなりましたが、その教えを好む者たちは、どこに行っても、たくさんいます。老子はとうの昔に西の方へと去ってしまいましたが、その道を求める者たちは、どこに行っても、たくさんいます。

中国古代の春秋戦国時代に活躍し、漢方医の祖と伝えられる扁鵲《へんじゃく》、あるいは三国時代の英雄として名高い曹操を治療し、世界初の外科手術をおこなったとかいう華佗《かだ》のような名医は、今の世にはいませんが、だからといって、医術の道が絶えてしまうわけがありません。

中国の古代神話に登場する超人的な弓の名手の羿《げい》、あるいは春秋時代の楚の将軍で、稀代の弓の名手として有名な養由基《ようゆうき》のような人物は、今の世には見当たりませんが、だからといって、武術がすたれてしまうわけではありません。

春秋時代に晋で活躍した琴の名手の師曠《しこう》、あるいは楚で活躍した琴の名手の鐘子期《しょうしき》は、その音楽が天上界に感応したと伝えられます。中国の南北朝時代に活動し、中国史上最高の書家とされる王羲之《おうぎし》（三〇七？～三六五？）、あるいは王羲之の息子で、王羲之と並び称されるほどの書家だった王献之《おうけんし》は、仙界の人智を絶した筆の運びにたとえられました。

いまあげた人々は、とうの昔にこの世を去っています。その技術は誰も継承できませんでした。しかし、琴を弾く者はいまだ多く、目に触れる書はいまだ多いではありませんか。このように、さまざまな道を途絶えさせることなく、受け継いできた理由は、及ばずとはいえ、昔日の賢者を見習おうとするからにほかなりません。

仏教の修行も同じです。阿羅漢とよばれる真の聖者がめざす悟りは、一生かけてもなかなか得られません。生まれつき資質に恵まれていない者は、六十劫もかかります。生まれつき資質に恵まれている者でも、三回、生まれ変わって難行苦行をつづけなければ、悟りは得られないといわれます。

こういう事情を考えれば、今の世に、悟りを真摯に求める賢者や聖者がいないからといって、仏道を絶つのはまことに理不尽といわなければなりません。

問答（二）

そうさとされて、憂国公子はこう言いました。

賢者や聖者に会えないのは、おっしゃるとおりです。それにしても、戒をちゃんと守り、智恵を得た者がまだいないとは、どういうわけでしょうか。

憂国公子の問いに、玄関法師は、こう答えました。

仏教の理論によれば、世界は、消滅していく時期（壊劫《えこう》）・消滅した状態がつづく時期（空劫《くうこう》）・生成していく時期（成劫《じょうこう》）・存続していく時期（住劫《じゅうこう》）の、四つの時期があります。わたしたちが今いるのは住劫です。住劫では、人間の寿命が、最短の十年から最長の八万年まで増減します。この増減は、住劫の期間中に二十回起こります。

また、仏の教えと行いと悟りがともにある仏教の全盛期である正法《しょうぼう》時、教えと行いはあるものの、もはや悟りはない漸衰期である像法《ぞうほう》時という、時代区分もあります。

寿命が増大していくときは、人々はみな十善戒、すなわち生命あるものを殺さない、他人の財貨を盗まない、淫らな性行為にふけらない、悟ってもいないのに悟ったと嘘をつかない、有ること無いことを言いふらして人々を仲違いさせない、聞くに堪えない汚いののしりの言葉を吐かない、嘘偽りばかりの言葉を吐かない、際限のない欲望に身をゆだねない、怒りにふりまわされない、よこしまな見解をもたないことをこころざす傾向があります。

しかし、寿命が減少していくときは、どの家でも十悪、すなわち生命あるものを殺し、他人の財貨を盗み、淫らな性行為にふけり、悟ってもいないのに悟ったと嘘をつき、有ること無いことを言いふらして人々を仲違いさせ、聞くに堪えない汚いののしりの言葉を吐き、嘘偽りばかりの言葉を吐き、際限のない欲望に身をゆだね、怒りに満ちあふれ、よこしまな見解をもつという悪業を好む傾向があります。正法時の千年間は、戒を守って、悟りを得る者がたくさん出ますが、像法時の千年間は、戒律を守り、徳を修める者は少なくなります。

なにしろ、今、わたしたちがいる時代は汚れに満ちた末世ですから、人々の宗教的な資質も劣り、鈍くなっています。仏の道に帰依しようとしても、仏の教えに習おうとしても、霊妙なる教えの道はきわめがたく、求道の心は、軽い毛が風に舞うように、すぐどこかへ飛んでいってしまいます。

青空が西に向かって傾いていくとき、無数の星々が東に向かって運行できるはずはありません。大地が激しく震動し裂けていくとき、草木が静かにしていられるはずはありません。わたしたちをとりまく状況は、それとなんら変わりません。

問答（三）

玄関法師の答えを聞いて、憂国公子がこう尋ねました。

わたしの疑問に対するお答えを聞いていますと、現在は、時代の移り変わりのうえでも、人々の資質のうえでも、劣悪であって、それに逆らうのは無理のようですね。もし、そうならば、今のような、時代が戦争や疫病や飢饉などで乱れ、精神が貪欲や激しい怒りなどの悪徳で汚れ、人々の資質が身も心も劣化し、世の中に邪悪な思想や宗教がはびこり、人々の寿命が短くなってしまうという、五つの汚濁にまみれた悪しき世には、戒をきちんと守り、悟りの智恵を得る人など、まったく現れないのでしょうか。

玄関法師が答えました。

いや、そんなことはありません。そもそも、天空は西に向かって動いていきますが、日月はそれに逆らって東に向かって動いていきます。射手座を構成する南斗六星は動きますが、北極星は動きません。冬の空は万物を枯らしてしまいますが、松や柏は枯れ落ちたりしません。冷たい陰の気は真水を凍らせますが、海水や酒は凍りません。

悪逆非道の王として名高い殷《いん》の紂王《ちゅうおう》が治めていたころの同国の人民は、家族もいっしょに殺したほうが良いくらい凶悪でした。それでも、微子啓《びしけい》、箕子《きし》、比干《ひかん》の三人は、おのおのが紂王の腹違いの兄、紂王の叔父、同じく叔父として生まれながら、死を賭して、紂王を再三にわたって諫め、殷を滅亡から救おうとしたゆえに、仁の実践者とほめたたえられてきました。

堯（尭）王が治めていた時代の人民は、どの家も諸侯に任命するにあたいするほど立派でした。それでも、反乱をくわだてた驩兜《かんとう》、わざと洪水を起こした共工《きょうこう》、黄河の治水に失敗した鯀《こん》、驩兜とともに反乱をくわだてた三苗《さんびょう》の四人は、罪を問われて処刑されています。

火は何でも焼きますが、布鼠《ほそ》（火鼠）だけは火のなかで遊びます。水は人を溺死させますが、龍やスッポンは水のなかを泳ぎまわります。

以上のような事情を観察すると、なにごとにも例外がつきものだとわかります。それを思えば、今の時代が汚れ乱れているとしても、人材がいないとは言えません。

問答（四）

すると、憂国公子がこう言いました。

こんな世の中でも、すぐれた人材がいるという理由はわかりました。では、その人材はどこにいるのでしょうか。

玄関法師が答えました。

あまりに巨大な方形は、隅の部分を見ることができず、あまりに大きな音は、聞くことができないといいます。あまりに白いものは、かえって汚れているように見え、あまりに真っ直ぐなものは、かえって曲がっているように見えるといいます。完璧なものは、かえってなにか足りないように思え、ほんとうに満ちているものは、かえって空っぽに思えてしまうといいます。同じように、ほんとうに奥深い徳や行いは、聖者でなければ、知りえません。すぐれた人材を見出すことがいかに難しいか、は昔の聖者たちもまた難しいと述べているとおりです。

問答（五）

それを聞いて、憂国公子がこう言いました。

ほんとうにすぐれた人材は、すぐれていることを隠して、ごくふつうの人々のなかに入り混じり、人々を正しい道にみちびくという話（和光同塵《わこうどうじん》）は、わたしも以前から耳にしています。そうはいっても、山々は宝石を所蔵していれば草木が繁茂し、峨々たる山岳は宝剣を所有していれば山肌が輝くといいます。足跡を見れば、それが誰の足跡かわかります。煙を見れば、そこに火のあることがわかります。智恵があって、行動も立派な人材がいれば、すぐにわかるはずです。

玄関法師が反論しました。

物には心がありませんから、外見から判断できます。しかし、人には心がありますから、外見だけで判断はできかねます。

問答（六）

憂国公子は、つづけてこう言いました。

聖人や賢人は見分けがたいということは、すでにお聞きしました。しかし、仏法は、あたかも蠹《きくいむし》のように、国家の内部に入り込み、しきりと食い荒らしています。僧侶は、あたかも蚕《かいこ》のように、国家の富を次から次へと食い荒らして、飽きません。仏法や僧侶を保護して、なにか良いことがあるのでしょうか。

玄関法師が答えました。

良いことがあるかないかについては、あとで申し上げることにしましょう。その前に、大局的な観点から、仏法や僧侶を保護することが、仏教者と世俗に、損になるのか得になるのか、お話しします。

今、あなたのご質問を聞いていると、仏法が広まることにはなんら関心がなく、もっぱら国家の損益ばかりを憂いていらっしゃるようです。忠臣とか義士とよばれる方々からすれば、もっともなことと存じます。

そもそも、建国して官僚を任命し、君主を立てて人民を治める意義は、天下を統一して君主にささげ、国内を平定して君主に仕える臣下に分けあたえるためではありません。天下のありとあらゆる父母たちと力を合わせて、万民を塗炭の苦しみから救おうとするためです。

そして、馬を御するためには轡《くつわ》や鞭が欠かせないように、人を治めるためには正しい教えと法令が欠かせません。そこで、儒教が説く五常、すなわち仁と義と礼と智と信にもとづく法をしめしてあまねく天下の人々をみちびき、同じく儒教が重んじる『易経《えききょう》』・『詩経』・『書経』・『春秋《しゅんじゅう》』・『礼記《らいき》』という五つの聖典（五経）、ならびに『史記』・『漢書』・『後漢書』の三つの歴史書（三史）を学んで人倫の道をきわめ、金や玉にもたとえられるほど立派な法律をもちいて邪悪や逸脱を防ぐのです。

もし、いま申し上げたことを君主が実行すれば、天下は泰平になります。いま申し上げたことに万民がしたがえば、国内は平和になります。君主と臣下のあいだ、父と子のあいだに、礼儀があり、秩序がたもたれます。身分の高い者が心なごやかであれば、身分の低い者も仲良くすごせる条件は、このようにして整えられるのです。

しかし、現状を見ると、『詩経』を朗読する者の心は、『詩経』に書かれているような温和で真面目な心とは縁遠く、『礼記』の文字を目で追う者の心は、『礼記』に書かれているような慎み深さや謙譲の美徳とはかけ離れています。

悪を懲らしめ、善を勧めるのが、『春秋』の書かれた目的であり、清らかで冷静で繊細な心遣いが、『易経』の尊重するところです。しかし、世をあげて儒教の聖典をひらいて読んでも、孔子の説いた教訓にかなない、孔子が理想の政治家として崇めた周公旦の指導にかなう者など、誰もいません。声に出すだけ、言葉にするだけならば、鸚鵡《おうむ》にもできます。言うだけで、実践しないのであれば、猩猩《しょうじょう》（大型の猿）と同じです。

また、文武の百官は天に代わり、全国各地の長官は人民を治めています。東海道・東山道・北陸道・山陰道・山陽道・南海道・西海道の七道ならびに山城・大和・河内・和泉・摂津の畿内五箇国を担当する長官、全国三百六十の地方官（国司）、県ごとに任命された民事と軍事の役人（令尉《れいい》）、郷ごとに任命された村長（里正《りせい》）、家々の戸主、その他さまざまな職業に従事する者たち（百姓）を、合計するとその数はかぎりなく多く、身分の高い者もあれば低い者もいます。

しかし、そのなかに、仁や義を実践する者がどれくらいいるのでしょうか。忠や孝を修める者がどれくらいいるのでしょうか。礼や信を慎み守る者がどれくらいいるのでしょうか。律令を犯さない者がどれくらいいるのでしょうか。

身分の上下にかかわりなく、みながみな、儒教の聖典を読んでいても、自分のおこないを慎もうとはしません。身分の貴い者も賤しい者も、口では立派なことを言いながら、その心もおこないも、言っていることとは逆ばかりです。

こんなことわざがあります。親に対する孝行を説く『孝経』を手にして、子が母の頭を殴るというのです。まことに言い得て妙であります。

自分こそ、聖典に説かれている教えに背いているのに、いっこうに反省せず、他人が聖典に説かれている教えに反することをしようものなら、口を極めて非難します。いうなれば、自分の足にある腫れ物を隠し、他人の足の腫れ物を暴き立てるようなものです。

あなたが議論されているようなことは、お門違いです。天下の文武百官や長官たちは、そろいもそろって法に背く者ばかりであり、全国を見渡しても、忠や孝を実践する者がいるとは滅多に聞きません。

仏教と儒教と道教はどれも上御一人、すなわち国王がおひろめになったものです。それなのに、なぜ、仏教者がちょっとでも違反すれば、大声で騒ぎ立て、儒教の徒が邪悪で非道なことをしても、見て見ぬふりをして、非難しないのですか。

また、お寺が所有している土地は、戸数にして一万を越えません。僧侶や尼僧が一回の食事で口にするのは、一鉢にすぎません。経典を読み、仏像を礼拝し、国家の恩にむくい、瞑想し坐禅して、父母の恩・衆生の恩・国王の恩・三宝（仏・法・僧）の恩がもたらす徳にこたえています。

しかし、俗人たちの衣食につかわれる費用は、一万戸の土地からの収穫が必要なほど膨大であり、国が千台の戦車を配備する費用に匹敵するほど莫大です。百もの村里を支配下に置く者も、太政大臣・左大臣・右大臣という最高に高い地位にある者も、死体のようになにもせずに坐っているだけなのに、欲望は底なしです。『詩経』にうたわれている無為徒食の大ネズミ（碩鼠《せきそ》）そっくりで、大海の底にあって絶えず水を漏らしつづけている穴みたいに、とどまることを知らぬ貪欲の持ち主です。かれらは無駄に禄を食み、なんの取り柄もないのに官位に就いているのです。

かれらと正反対なのが、次にあげる人々です。嚳《こく》に仕えた伯奮・仲堪・叔献・季仲・伯虎・仲熊・叔豹・季貍という八人の善人（八元）は、美しいふるまいを体現し、舜に仕えた禹《う》・稷《しょく》・契・皋陶《こうよう》・伯益《はくえき》という五人の名臣（五臣）は、徳を体現しました。伊尹《いいん》は料理人から出世して政治家となり、殷の建国に大功がありました。太公望《たいこうぼう》は釣りをしていて周の文王に見出され、軍師としてはたらき、周の建国に大功がありました。

劉邦《りゅうほう》（前二四七〜前一九五）を軍師として補佐し、建国に貢献した張良《ちょうりょう》は、兵書の『三略』を書きのこしました。同じく、陳平《ちんぺい》は劉邦の名参謀として、六度も奇計（六奇）をくわだて、漢の建国に貢献しました。

これらの人々の功績や徳が、後世に伝えられていないわけがありません。もし、僧侶や尼僧がわずか一鉢の食を喫するのを責めるならば、いまあげたような立派な人々とは正反対に、なんの功績も徳もない在家の者たちが、莫大な浪費をつづけている状況を放置したままなのは、どういうわけでしょうか。

問答（七）

玄関法師から問い詰められて、憂国公子は茫然として、言葉を失ってしまいました。ため息をつき、しばらくしてから、こう言いました。

官吏の俸給は、官位ごとに定められた正当な報酬です。しかも、官吏たる者は、まだ空に星が残っている時間帯に家を出て、空に星が出るころにやっと家に帰り、風にもめげず雨にもめげず、昼夜の別なく、公務に邁進しています。それを思えば、あなたのおっしゃったことを、「はい、そのとおりです」と頭を下げるわけにはいきません。

僧侶や尼僧が経典を読み、仏像を礼拝するといっても、そのたぐいの行為は、風雨にさらされない寺内の床の上で悟りを求めて瞑想し、好き勝手に修行をしているにすぎません。般若経一巻を読むだけで、たった一人の仏の名号を礼拝するだけで、国家の広大な恩にむくい、父母の恩・衆生の恩・国王の恩・三宝の恩がもたらす広大な徳にこたえられるとは、とても思えません。

すると、玄関法師がこう反論しました。

あなたがおっしゃることは、もっともらしく聞こえますが、まだ本質をついてはいません。そもそも、法はもろもろの仏の師とされてきました。仏とは、その法を伝える人にほかなりません。最高にすぐれた法は、わずか一句であろうと、一億劫という膨大な時間をかけても、遇いがたいのです。仏の名号は、たった一つであろうと、三千年に一度しか咲かないという優曇華《うどんげ》の花もたとえにならないくらい、ごくごく稀にしか耳にできません。

たとえば、『涅槃経《ねはんぎょう》』に説かれている、釈迦牟尼《しゃかむに》の前身だった雪山童子《せっせんどうじ》の物語が、まさにそうです。帝釈天が羅刹に変身してあらわれ、「諸行無常《しょぎょうむじょう》　是生滅法《ぜしょうめっぽう》」と詩句をとなえたとき、この詩句につづく「生滅滅已《しょうめつめつい》　寂滅為楽《じゃくめついらく》」という言葉を聞きたい一心で、雪山童子は、飢えた羅刹にみずからの身を投げあたえて食わせたのです。

あるいは、『大智度論《だいちどろん》』に説かれている、愛法梵志《あいほうぼんし》という名のバラモンの物語が、まさにそうです。あるバラモンから、ほんとうに仏の教えを後世に残したいのなら、お前の皮をはいで紙とし、骨を砕いて筆とし、髄を砕いて墨とし、血を出して水として、書きとめよ、と言われ、喜んでそのとおりにしたというのです。

世界中の財宝すべてよりも、たった一句の仏教の教えのほうが価値があるのです。ガンジス河の砂の数に匹敵するほどの数の身命よりも、「諸行無常　是生滅法　生滅滅已　寂滅為楽」というわずか四句の詩句のほうが価値があるのです。

『法華経』の「提婆達多品《だいばだったほん》」には、こんな話も説かれています。釈迦牟尼が過去世である国の王だったときのことです。一人の聖者が『法華経』をもっていると聞いた王は、王位を捨てて、その聖者の奴隷となりました。聖者の要求にすべてこたえ、果実をとり、水を汲み、薪をひろいあつめ、食事を用意し、さらに自分の身体をベッドにして、仙人に寝ていただき、やっと『法華経』を読ませてもらえたというのです。

同じく、『法華経』の「薬王菩薩本事品《やくおうぼさつほんじほん》」には、こんな話も説かれています。一切衆生《いっさいしゅじょう》喜見《きけん》菩薩が、『法華経』を自分に説いて下さった如来を供養するために、さまざまな香と香油を塗ったり飲んだりしてから、自分の身体に火をつけ、一千二百年間にわたり燃えつづけて、世界中を明るく照らし出したあげく、跡形もなく燃え尽きたというのです。

以上にあげたような行為がなされたのは、決してゆえなきことではありません。一仏の名号をとなえれば、数えきれない重罪を消し去ることができるからです。一字の真言をほめたたえれば、限りない功徳を得ることができるからです。

まして、一鉢の質素な食事をあたえてくださったのですから、父母と衆生と国王と三宝の恩に、むくわずにいられるはずがありません。

問答（八）

しかし、憂国公子は納得しません。

あなたのおっしゃることは、どうも嘘くさいのです。まだとても信じられません。わたしが信奉している孔子も老子も、そんなことは言っていません。

もし、経典を声に出して読むことや仏像を礼拝することに功績があるとすれば、わたしもまた、『易経』・『詩経』・『書経』・『春秋』・『礼記』という五つの聖典（五経）、ならびに『史記』・『漢書』・『後漢書』の三つの歴史書（三史）を、声に出して読み、周公旦や孔子の尊像を礼拝しています。だったら、同じことではないでしょうか。

また、儒教の五経も仏教の経典・戒律・論書の三蔵も、つかわれている文字はまったく同じです。したがって、声に出して読めば、得られる功績も同じはずです。

玄関法師はこう答えました。

あなたのおっしゃることは、ちょっと聞くだけでは、わたしが申し上げたこととよく似ているようですが、よくよく考えてみると、まったく違います。深遠なことがらは、なかなか理解しがたいものです。そこで、しばらくたとえ話をつかって、説明しましょう。

天皇が発令される詔勅の公文書と、臣下が通信にもちいる書簡は、つかわれている文字は同じですが、その効能は大きく異なっています。勅書は、たとえたった一つの命令であっても、天下の人々がそれにもとづいて信賞必罰につとめて、ありとあらゆる職業の人民は、あるいは喜び、あるいは恐れます。

如来の教えを書きとめた経典も、同じです。菩薩であろうと、声聞であろうと、天龍八部衆であろうと、信じない者は一人もいません。ですから、仏教以外の文書を一般人の文書にたとえるとすれば、仏教の経典は天皇の勅書にたとえられると、認識すべきなのです。

ですから、帝釈天は仏教の経典を声に出して読んだおかげで、阿修羅の軍勢を破り、閻魔大王は仏教の経典を持っていた者を、ひざまずいて礼拝したのです。しかし、五経を声に出して読んだおかげで罪を消したり、三史に目を通したおかげで災いをまぬがれたという話は、聞いたことがありません。

問答（九）

憂国公子も負けていません。こう言い返しました。

釈迦は口がうまくて、功徳を説きますが、孔子は謙遜を旨とした方なので、自慢話はいたしません。そのため、そのような話がないのです。

そう聞いて、玄関法師が言いました。

バカなことをおっしゃってはいけません。孔子はみずから西方の聖者である釈迦牟尼《しゃかむに》を称讃して礼拝し、老子もまた釈迦牟尼の教えを口にしています。偉大な聖者である釈迦牟尼は、嘘偽りを語りません。もし、仏法を誹謗中傷するならば、地獄に堕ちてしまうでしょう。

問答（十）

憂国公子が尋ねます。

仏教が十悪、すなわち生命あるものを殺し、他人の財貨を盗み、淫らな性行為にふけり、悟ってもいないのに悟ったと嘘をつき、有ること無いことを言いふらして人々を仲違いさせ、聞くに堪えない汚いののしりの言葉を吐き、嘘偽りばかりの言葉を吐き、際限のない欲望に身をゆだね、怒りに満ちあふれ、よこしまな見解をもつという悪業に身をゆだねる者は、地獄に堕ちると説いているのは、理解できます。また、五逆、すなわち父を殺す、母を殺す、阿羅漢を殺す、仏の身体を傷つける、出家僧から構成される教団の秩序を乱すという悪業に身をゆだねる者は、地獄に堕ちると説いているのも、理解できます。しかし、仏教者や仏法を誹謗中傷するからといって、地獄に堕ちるというのは、いかなる理由によるのでしょうか。

玄関法師が答えました。

あなたは病気を治療する方法をご存じないようですね。身体の病気を治療するには、必ず以下の三つの方法を採用しなければなりません。一つ目は医者、二つ目は処方、三つ目は良く効く薬です。

もし、医者を尊敬し、処方と薬を信じ、指示されたとおりに薬を服用すれば、病気はすぐに治ります。しかし、医者をののしり、処方と薬を信じず、良く効く薬を服用しなければ、病気が治るはずはありません。

如来が生きとし生けるものの心の病を治すときも、同じです。仏は医者のなかの医者であり、その教えは処方に相当し、仏の説く真理は良く効く薬にあたるのです。仏の説く真理にしたがって、よくよく考えることは、薬を服用するようなものです。仏の教えにしたがって、真理という妙薬を服用すれば、罪を滅し、悟りを得ることができるのです。ところが、重い罪を負った愚か者が、仏教者を誹謗中傷し、仏法を誹謗中傷しています。そんなことをすれば、重い罪をまぬがれるわけがありません。

仏法は仏教者によって、広められます。仏教者は仏法によって、悟りへと近づくのです。このように、仏教者と仏法とは一体であって、分けられないのです。そのために、仏教者を誹謗中傷することは即、仏法を誹謗中傷することであり、仏法を誹謗中傷することは即、仏教者を誹謗中傷することになるのです。

　仏教者を誹謗中傷し、仏法を誹謗中傷するならば、地獄のなかでも最悪の無間《むけん》地獄《じごく》にきっと堕ちて、再び出られなくなるでしょう。世の中の人々は、この道理を知りません。軽い気持ちで口から出任せを言って、そのためにこうむる深刻な災いを認識していません。むしろ日夜に十悪や五逆の悪業をなすほうが、一言一句でも仏教者や仏法を誹謗中傷するよりも、まだ罪が軽いくらいです。

　人を殺したり、他人の財貨を盗んだりする者は、そうした行為によって、当面の衣食を得られるという利益があります。しかし、仏教者や仏法を誹謗中傷する者は、我が身にどんな利益があるというのでしょうか。

問答（十二）

玄関法師からたしなめられて、憂国公子はこう述べました。

つつしんでお教えいただいたとおりにいたしましょう。今後はけっして間違ったことをいたしません。

憂国公子は、さらにこうつづけました。

仏教者や仏法を誹謗中傷してはならないことは、すでにうけたまわりましたが、くわしいことはまだうかがっていません。仏教者や仏法にどれくらい種類があるとか、どれくらい深い浅いがあるとか、ご教示ください。

そう請われて、玄関法師が答えました。

大別すると、二つの種類があります。一つは顕教《けんぎょう》であり、もう一つは密教です。

顕教のなかに、さらに二つの種類があります。悟りへと至る道は、仏乗のたった一つしかないという一乗と、いや声聞乗と縁覚乗と菩薩乗の三つあるという三乗とでは、違いがあるからです。

一乗とは、如来の他受用身《たじゅゆうしん》が、報身《ほうじん》とよばれる身体として現れ、菩薩五十二位の第四十一番から五十番にあたる十地から初地の段階にある菩薩たちを対象として、かれらを教えさとすために、説いた教えです。〔といっても、とうてい理解できないでしょうから、もう少しくわしく説明しましょう。

密教の教主である大毘盧遮那《だいびるしゃな》如来（大日如来）は、真理そのものにほかなりません。真理そのものですから、時間にも空間にも限定されません。また、具体的なすがたかたちをもっていません。したがって、わたしたちの感性では把握できません。このような大日如来のありかたを法身《ほっしん》といいます。

しかし、法身そのままでは、なんら具体性がないので、生きとし生けるものを教えみちびけません。そこで、法身は、法身としての性格をたもちつつ、より具体性をもつ存在に変容するのです。

その変容に四段階あります。自性《じしょう》法身・受用《じゅゆう》法身・変化《へんげ》法身・等流《とうる》法身です。このうち、自性法身は、法身が本来もっていた状態をそのまま維持しているので、わたしたちの感性では把握できません。

受用法身は、その名がしめすとおり、説法の対象が受用できる、すなわち受けいれられる身体をもつ存在です。この受用法身には、二つの種類があります。一つは、大日如来が、みずからのために、受用できる身体として現れる場合で、自受用身といいます。もう一つは、他の人が受用できる身体として現れる場合で、他受用身といいます。

変化法身は、法身が歴史上の人物として、具体的な生身の身体をもって、この世に現れる場合で、釈迦牟尼がその代表例です。別称を応身《おうじん》ともいいます。

等流法身は、相手がもっともうけいれやすいように、相手と等しい身体をもって、この世に現れる場合で、そのすがたかたちは、相手次第ですから、まさに千差万別です。

さて、さきほど、一乗とは、如来の他受用身が、報身とよばれる身体として現れ、十地から初地の段階にある菩薩たちを対象として、かれらを教えさとすために、説いた教えと述べました。さらに説明をくわえると、この場合は、十地から初地の段階にある菩薩たちに対象を絞り、具体的なすがたかたちをもっていない法身が、他受用身のなかでも、視覚的なイメージと働きをもつ存在、すなわち報身として現れ、説いた教えこそ、一乗であるという意味です。ちなみに、報身は視覚的なイメージと働きをもっているので、わたしたちの目でも見えますが、具体的な肉体はもっていないので、触れられません。」

次に、三乗とは、かつてこの世に実在した釈迦牟尼が、声聞と縁覚、および初心の菩薩のためにお説きになった経典のことです。

これが顕教についての説明です。

密教とは、自性法身の大毘盧遮那如来が、みずからひきいる仏菩薩のために、そしてなにより真理のもたらす喜びをみずから享受するために、お説きになった教えにほかなりません。世にいう真言の教えとは、まさにこれです。

ここにあげたようなさまざまな経典の教えは、相手の宗教的な資質に応じて説かれていますから、どれもみな良く効く薬のようなものです。これらの経典が説くところにしたがって、歴代の菩薩たちは経典の内容を哲学的に解明する論書をあらわし、師たちは論書の注釈書をあらわしました。末世の弟子たちは、そのような経典や論書にもとづいて、文字を追い、声に出して読み上げ、修行に励んでいるのです。

以上が、仏教者と仏法の種類分けです。浅いとか深いとか、福徳とか仏罰については、『秘密曼荼羅十住心論』に述べたとおりです。


問答（十二）論書や注釈書における誹謗中傷の定義

憂国公子はさらに、こう言いました。

いま、あなたからご教示いただいたおかげで、仏教者と仏法にどんな種類があるのか、よくわかりました。

しかし、いま、さまざまな論書や注釈書をあらわす者を見ていると、誰も彼も、他の者を論破して、自説を主張しています。これは、仏教者や仏法を誹謗中傷することにならないのでしょうか。

玄関法師は問いに、こう答えました。

菩薩がなにより心掛けているのは、それが何であれ、慈悲にもとづいて、自分よりも他の人の利益を優先することにほかなりません。この心掛けさえあれば、浅薄な執着心を打ち破って、深遠な教えにみちびくことは、なによりの利益となります。しかし、もし、名声を得ようとか、なんらかの利得を得ようという心から、浅薄な教えに執着して、深遠な真理を破壊するならば、罪咎をまぬがれません。

問答（十三）仏法と王法の関係

①仏法と王法

憂国公子の問いはつづきます。

わたしの問いにお答えいただき、疑問の霧が晴れ、心の内がだいぶすっきりしました。しかし、心のなかに、まだ晴れない疑念がのこっています。と申しますのも、つぎのようなことがらです。さきほど、あなたは、たとえまだ悟りを得た者がいなくても、悟りへの道を断ってはならないとおっしゃいました。また、戒律と智恵をそなえた者は、かえって汚れて見えたり愚かに見えたりするとも、おっしゃいました。

ところが、いま、世上をながめてみると、労働課役を逃れようと仏教者になったりする者が少なからずいます。悪辣な盗賊まがいの仏教者も少なくありません。天下を治める聖天子も、聖天子の治世をささえる賢臣たちも、人に似て人ではない大猿のようなやからを、見て見ぬふりをして、放置しておくわけにはいきません。

仏法と王法はどのように調和させたら、良いのでしょうか。

玄関法師は、こう答えました。

この問題を解決にみちびく鍵は、二種類あります。一つは慈悲の門であり、もう一つは智恵の門です。

大いなる慈悲の門が、誰に対しても、つねに開け放たれたままにされていて、決して閉じられないように、国法の執行にあたっては、仏教者や仏法だからといって、偏見や先入観をもたず、つとめて寛大に対処していただきたいのです。また、大いなる智恵の門が、誰に対しても、つねに厳しく制約を課していて、決して開け放れたままにされないように、国法の執行にあたっては、仏教者や仏法に対しても、特例などをもうけず、悪事は悪事として、厳しく断罪していただきたいのです。

制約を課する智恵の門については、『涅槃経《ねはんぎょう》』の「寿命品」や『大薩遮尼乾子所説経《だいさつしゃにけんじしょせつきょう》』の「王論品」などの経典に説かれています。慈悲の門については、『大乗大集地蔵十輪《だいじょうだいしゅうじぞうじゅうりん》経《ぎょう》』の「無依行品《むえぎょうほん》」などに説かれています。

仲良く交際するのも、時と場合によりけりで、律令に規定された賄賂罪にあたるような行為は、断じて許されません。

また、俗世を統治する君主のさだめた法律と真理の帝王である仏のさだめた戒律は、形態こそ違っていても、その意図は共通しています。ですから、さだめられた法にしたがって、自分勝手な行為を許さぬように、人々をみちびいていけば、得られる利益は甚大です。反対に、法をまげて、自分勝手な行為を許せば、その結果は大きな罪過となって返ってきます。

ところが、俗世間の人々は、いま述べた意図を知りません。王法をよく理解せず、仏法を学ぼうとしません。相手が好きか嫌いかで物事を判断し、相手の身分が貴いか賤しいかで判断を変えています。こんなぐあいに世を治めているのですから、善い結果を得られるはずがありません。反省しなければなりません。何度でも、反省しなければなりません。

②仏教者は国難の原因か

玄関法師はつづけて、こう述べました。


さきほどあなたは、旱魃や洪水、あるいは疫病の流行が、仏教者のせいだとおっしゃいましたが、それはまったくの誤解です。あなたは正しい道理をまだご存じないので、みだりがましく、そんなことを口にするのです。かつて秦の始皇帝は、人の善悪や病気の有無を照らし出す鏡をもっていたそうですが、その鏡でご自分の顔を映し出してみたら、いかがです。きっと好ましい顔は映し出されないことでしょう。

尭が統治していたときに九年間も洪水がつづいたとか、殷王朝を創始した湯王《とうおう》のときに旱魃が七年間もつづいたと伝えられます。もし、さまざまな災いが、戒律を守らない仏教者のせいだとおっしゃるなら、このような旱魃や洪水は、いったいどの仏教者のせいで起こったというのでしょうか。そのころ、中国にはまだ僧侶はいませんでしたから、僧侶のせいだったはずがありません。

殷の前に中国を統治していた夏の国運がくつがえり、殷の王位が滅び、周の後継者が絶え、秦が始皇帝の死後すぐに滅びてしまった直接的な原因はどれも、夏の桀王《けつおう》が寵愛した末喜《ばっき》、殷の紂王が寵愛した妲己《だっき》、周の幽王《ゆうおう》が寵愛した褒姒《ほうじ》という三人の女性がもたらした災厄にありましたが、国運の尽きたのは天命だったとみなさざるをえません。その時代には、まだ僧侶はいませんでしたから、仏法に責任はありません。

そもそも、災厄の原因には、大別して三つあります。一つ目は時の運です。二つ目は天の罰です。三つ目は悪業の報いです。

時の運とは、前漢の歴史を記した『漢書』をはじめ、中国で書かれた歴代の史書には、これまでに起こったさまざまな災厄とその原因について書かれた『五行志《ごぎょうし》』という部門があります。それによれば、四千五百六十年を一元として、その一元のあいだに、陽の厄である旱魃が五度、陰の厄である洪水が四度おこります。これら陰陽あわせて九度の災厄を「陽九」といいます。また、この「陽九」が、黄帝が位に就いてから百六年目に初めて起こったので、「百六」といいます。そして、「陽九」と「百六」をあわせて、「陽九百六」

と称するのです。

尭のときに起こった洪水や湯王のときに起こった旱魃は、まさにこの「陽九百六」にあたります。そこで、聖天子は宮廷にお出ましになり、事前に対策を講じておくのです。

さきほど説明したとおり、世界は、消滅していく時期（壊劫）・消滅した状態がつづく時期（空劫）・生成していく時期（成劫）・存続していく時期（住劫）の、四つの時期があります。わたしたちが今いるのは住劫ですが、住劫では、人間の寿命が、最短の十年から最長の八万年まで増減します。そして、人の寿命が減少していく減劫の時期には五濁《ごじょく》、すなわち天災や戦乱などの社会の汚れ（劫濁《こうじょく》）、邪悪な教えや見解が流布する思想上の汚れ（見濁《けんじょく》）、さまざまな煩悩や悪徳に象徴される精神上の汚れ（煩悩濁《ぼんのうじょく》）、人々の心身の質がともに弱体化し低下する汚れ（衆生濁《しゅじょうじょく》）、人々の寿命が短くなる汚れ（命濁《みょうじょく》）という、あわせて五つの汚れがいたるところにはびこりますが、この五濁もまた、時の運にほかなりません。

天の罰とは、為政者から天下の人民にくだされる命令が道理に合わないゆえに、天が罰することです。たとえば、『漢書』の「于定国伝《うていこくでん》」に書かれた孝婦にまつわる話が典型例です。彼女は夫に先立たれながらも、残された姑を世話し、姑が勧めても再婚しようとしませんでした。姑はまだ若い嫁の邪魔になっては申し訳ない、自分さえいなければ嫁は自由になれるだろうと考えて、自殺しました。ところが、嫁は姑を殺害した犯人と誤認され、無実の罪で処刑されてしまったのです。それが天帝の怒りを買って、その地方は三年にわたって旱魃がつづいたという話です。

前漢の武帝（前一五六〜前八七）のころ、淮南地方の王だった劉安が学者たちを集めて編纂させた『淮南子《えなんじ》』には、こんな話もあります。春秋戦国時代に中国の北部を支配していた燕《えん》の国王に仕えていた鄒衍《すうえん》（前三〇五〜前二四〇）は、陰陽五行思想の創始者として有名ですが、あるとき、讒言によって、無実の罪で投獄されてしまいました。そのとき、鄒衍が獄中で天に向かい、無実を訴えたところ、天がこれにこたえて、真夏だというのに、霜を降らせたというのです。

このようなたぐいが、天の罰にあたります。

悪業の報いとは、悪い行いをする者たちが、悪い時代に生まれあわせて、悪い行いをした結果として、こうむる災厄のことです。

以上のようなことをくわしく知りたいのであれば、歴代の『五行志』はもとより、『守《しゅ》護国界主陀羅尼経《ごこっかいしゅだらにきょう》』の「阿闍世王授記品《あじゃせおうじゅきほん》」や『仏為優填王説王法政論経《ぶついうでんのうせつおうぼうせいろんぎょう》』などに説いているとおりです。

いずれにしても、あなたは、いまわたしが述べたようなことをご存じないのに、理屈に合わないことを言いたいほうだいです。おっしゃったことはみな、的外れです。

③仏法の国家に対する貢献

玄関法師はさらに、こう述べました。

さきほどわたしは、仏法が国家に対して有益か無益かについては、のちほどお答えしましょう、と言いましたが、ここでお答えしましょう。

そもそも、病気にかかっていなければ、薬は必要ありません。それと同じように、なんらかの障害があるからこそ、それを解決にみちびく教えが必要になるのです。良く効く薬は、病気を悲しむからこそ、つくり出され、仏法は、障害をあわれむからこそ、登場したのです。

ですから、聖人はこの世に現れる理由は、つねに慈悲にもとづいています。大いなる慈しみの心は楽をあたえ、大いなるあわれみの心は苦を抜き去ります。これを抜苦与楽《ばっくよらく》といいますが、この抜苦与楽の根本は、苦の根源的な原因を除去することに尽きます。

苦の根源的な原因を除去する基本は、仏法でなければ、決して得られません。

同じ病気でも、症状が軽ければ、弱い薬でも効きますが、症状が重ければ、強い薬でないと効きません。同じ障害でも、障害が軽ければ、浅い教えでも救えますが、障害が重ければ、深い教えでないと、救えません。

人の寿命が増えていく増劫の時代には、病気はまだ軽いので、転輪聖王が現れて人民を統治すれば、それで済みます。しかし、人の寿命が減っていく減劫の時代になると、障害がひどく重くなるので、如来が現れて教えをお垂れになるのです。

五濁にまみれた悪世の人々は病気が重く、貪りと怒りと愚かさという三毒にさいなまれどおしになり、生苦・老苦・病苦・死苦・愛別離苦（愛する者と別離しなければならない苦）・怨憎会苦（怨み憎んでいる者と一緒にいなければならない苦）・求不得苦（求めてやまないものが得られない苦）・五蘊盛苦（私たちの心身を悩ませてやまない苦）という八苦に迫られ、福徳はわずかしか得られず、貧困や病気に悩まされつづけます。

その原因は、前世で犯した悪業にあります。美味しいものを食べたい一心で、命あるものを殺して腹を満たし、財貨を貪りたい一心で、他人の財貨を奪いとって衣食しています。性欲をほしいままにする者は、炎のなかに飛び込む蛾のように、身を滅ぼし、酒を好む者は、酒のせいで捕らえられた猩猩《しょうじょう》（大型の猿）のように、捕縛されます。このような邪悪な見解にもとづく行為は、数えきれません。

現世にあるうちに悪業を重ね、来世で地獄・畜生・餓鬼という三つの悪しき境涯に墜ちるのです。これら三つの悪しき境涯は、果てしなくつづきます。

如来は慈父のような存在ですから、最悪の苦しみをご覧になって、因果の道理をお説きになりました。すなわち、悪因によって苦果があるとお説きになって、最悪の苦しみから生きとし生けるものを救い、善因によって楽果があるとお説きになって、最高の悟りをおしめしになりました。

その教えを実践する者は、大きく分けて二種類あります。一つは出家であり、もう一つは在家です。出家とは頭を剃り、俗人の着る白衣を脱ぎ捨てて色をつけた僧衣を身にまとう出家僧（比丘《びく》）と尼僧（比丘尼《びくに》）たちのことです。在家とは頭に冠をかぶり、いいかえれば頭を剃らず、冠が落ちないように纓《よう》とよばれる飾りや紐をつける男性信者（優婆塞《うばそく》）と女性信者（優婆夷《うばい》）のことです。上は天子から、下は一般の庶民にいたるまで、五戒や十善戒などを守って、仏法に帰依する者はみな在家です。

菩薩というのは、在家でありながら、十善戒を守り、かつ布施《ふせ》（施しをすること）・持戒《じかい》（戒律を守ること）・忍辱《にんにく》（苦難に耐え忍ぶこと）・精進《しょうじん》（努力すること）・禅定《ぜんじょう》（瞑想して精神を統一すること）・智恵（真理を体得すること）という六波羅蜜《ろくはらみつ》（六つの完成）を実践する者のことです。また、出家して、悟りを得たいと発心する者も、菩薩にほかなりません。

悪を断ち切れば苦しみから解き放たれ、善を実践すれば安楽を得られます。下は人間界や天界に生まれあわせることから、上は悟りを得ることにいたるまで、みな悪を断ちきり、善を実践した結果にほかなりません。

この、出家と在家という二種類の道をおしめしになるために、偉大なる聖者である仏は、教えを垂れたもうたのです。このように、仏の教えはすでにあります。仏の教えを広め、実践するのは、わたしたちの責任です。

以上のような理由で、仏法をわきまえた者は出家して、真理の灯火を伝え、悟りを得たいと願う者は、悟りへの道をこころざして、在家から出家へと、すがたを変えるのです。『賢愚因縁経《げんぐいんねんぎょう》』の「出家功徳尸利苾提品」には、こう説かれています。もし、国王でも一般人の父母でも、自分たちが奴婢として使役している人民や男女を解放して、出家させ悟りを求めさせるならば、得られる功徳は想像もできないくらい大きい。

出家僧や尼僧がいるからこそ、仏法は絶えることなく受け継がれていくのです。仏法があるからこそ、人々の心の眼が開かれるのです。心の眼が開かれれば、正道を歩むことになります。正しい道を歩んでいくので、悟りの境地に到達するのです。

それだけではありません。経典の説く真理があるところは、もろもろの仏たちが守護をお誓いになり、仏教に帰依した神々が守ってくださいます。このような利益はあまりに多すぎて、いちいち数え上げられません。

問答（十四）

玄関法師からさとされても、憂国公子はまだ食い下がります。

仏法を知り仏道をひろめる者が、国家に利益をもたらすことは明らかになりました。しかし、仏法に背き、経典の教えに逆らう者が、国中にたくさんいるのは、どういうわけでしょうか。

玄関法師が答えました。

大きな山は恵みが多いので、鳥や動物が争うようにやってきて、薬草も生えれば毒草も生えます。深い海は面積が広いので、魚や亀が集まり泳ぎ、龍や鬼神もいっしょに住んでいます。宝珠のまわりは必ず悪鬼が取り囲んでいますし、宝蔵の近くには決まったように盗賊がいて、すきをうかがっています。

美女は自分からは招きもしないのに、容姿容貌に恵まれた者からも恵まれない者からも、追いかけまわされます。医者の家には、呼ばなくても、患者がやってきます。

生臭い肉には蟻が集まり、悪臭を放つ死体には蠅が群がります。聖天子は、なにも言わなくても、多くの国々が競うように帰服し、巨大な渓谷には、おのずからあまたの流れが流れ込んできます。お金持ちのところには、呼ばなくても、貧乏人が集まり、智恵ある人のところには、黙っていても、子どもたちがやってきます。

すぐれた鏡は、磨き上げて綺麗にすれば、美しいものも醜いものもありのままに映し出し、清らかな水は、澄み切れば、大小のかたちがありのままに影を落とします。大空は心をもちませんが、万有を包容し、大地は思いをいだきませんが、百草が生えてきます。

尭の息子は出来が悪かったのですが、父の尭は聖人でした。舜の父は息子の舜を殺そうとしましたが、舜は父に孝養を尽くしました。孔子の弟子は三千人もいましたが、道をきわめた者はたった七十人で、そのほかの者については名前すら残っていません。

釈迦牟尼の弟子は数えきれないほどたくさんいましたが、闡那《せんな》（チャンダ）・迦留陀夷《かるだい》（カーロダーイン）・難陀《なんだ》（ナンダ）・跋難陀《ばつなんだ》（ウパナンダ）・阿説迦《あせつか》（アシュヴァカ）・夷那跋《いなばつ》（プナルヴァス）の六人は悪事や非法な行為を繰り返し、提婆達多《だいばだった》（デーヴァダッタ）は教団を破壊しようとし、善星《ぜんしょう》（スナクシャトラ）は釈迦牟尼の教えを否定するなど、如来の在世中ですら、仏弟子がすべて純粋で善良だったわけではありませんでした。

ましてや、末世の者たちがすべて純粋で善良であるはずがありません。

しかし、仏の慈悲は、欲界・色界・無色界の三界に住む者にとって、なお父と仰ぐべきものです。賢者も愚者も善人も悪人も、仏の慈悲を仰がずにはいられません。

以上が、ものごとの道理にほかなりません。疑う必要はどこにもありません。

とはいっても、毒を薬に変え、鉄を金に変えることが求められています。尭王が統治していた時代の人民は、諸侯に任命するにあたいするほど立派であり、夏の暴君として有名な桀《けつ》王が統治していた時代の人民は殺しても飽きたらないほど悪辣でした。これもみな、時の運であり、君主の感化によるものです。

この点については、釈迦牟尼仏より前に出現した過去七仏のうち、第六番目の迦葉仏《かしょうぶつ》がお説きになっています。詳しいことは『守護国界主陀羅尼経』の「阿闍世王授記品」に書いてありますが、わずらわしいので、ここでは引用しません。要点を知りたければ、ご自分で読んでみてください。

ここまで述べてきたことを、詩句に託します。

この世の事物は実在するとみなしたうえで、この見解にもとづいて修行すべきだと主張する建立《こんりゅう》浄《じょう》も、この世の事物は実在しないとみなしたうえで、この見解にもとづいて修行すべきだと主張する不建立無浄《ふこんりゅうむじょう》の見解も、深い教えではありますが、まだ煩悩から解放されていません。

永遠不滅の我（アートマン）や永遠不滅の絶対神をあやまって主張し、輪廻転生を繰り返しています。

偉大な聖者である仏は、三段階ある悟りへの道のうち、もっとも劣る羊車の道、すなわち声聞乗をお説きになりました。この教えどおりに実践し瞑想すれば、悟りを得られます。要するに、貪欲を抑制する不浄観・怒りを抑制する慈悲観・無知を抑制する因縁観・我執を抑制する界分別《かいふんべつ》観・心の乱れを抑制する数息《すそく》観という五つの瞑想が網羅された五停《ごじょう》心観、および身体の不浄を瞑想する身念処・すべての精神作用は苦をもたらすと瞑想する受念処・心の無常を瞑想する心念処・思考や感受の対象は実在していないと瞑想する法念処という四つの瞑想が網羅された四念処観を、六十劫のあいだ実践するか、もしくは三回生まれ変わって実践するのです。

また、二百五十ある戒を守れば、仏にまみえることもできず正法を聞くこともできない八難、すなわち地獄・餓鬼・畜生という最悪の境涯はもとより、住む人がすべて不老長寿で病気もせず死なないので悟りを求める心が起こらない長寿天、あまりに楽しいことばかりなので悟りを求める心が起こらない辺地《へんじ》、目や耳や口が不自由な盲聾瘖瘂《もうろういんあ》、世故にたけすぎて邪悪なことばかり口にする世智弁聡《せちべんそう》、仏より先に生まれすぎたりおくれて生まれすぎたりして仏にお会いできない仏前仏後という、八つの悪しき境涯をまぬがれます。

わたしたちはみな因縁によって生じたのであって、固定的な実体としての個人は実在しないという、もはや煩悩に汚されることのない火は、我執を判断基準とする智恵（分別智）を燃やし尽くして、身心を滅し去ってくれます。

そして、如来の訓誡に出会えれば、それまでの自分の悟りさえ得られれば満足という声聞の境地から、自利利他を実践する菩薩の境地へと回心します。

質問します。この心の世界は、どの経典や論書を根拠に、そう主張されるのですか。

お答えします。『大日経』と『菩提心論』です。これらの経典や論書に、どう説かれているのか、というと、以下のとおりです。

『大日経』の「住心品」には、こう説かれています。

世界を構成する五つの要素は実在するが、固定的な実体としての個人は実在しないと理解したうえで、感覚器官とその対象となる事物の領域にとどまったまま、長い修行の期間をすごすのです。

また、『大日経』の「具縁品」には、こう説かれています。

声聞たちは修行の場にとどまったままで、発生と消滅を理解し、この世の事物は実在するという見解も、この世の事物は実在しないという見解も、ともに否定します。対象をありのままによく観察する智恵によって、生死の流れから離脱する修行の発端を得ます。これを声聞の瞑想の実践と名づけます。

さらに、「具縁品」には、こうも説かれています。

もし、声聞が説く真言ならば、密教よりも浅いため一つ一つの句を並べてはじめて完全な真言となります。

『菩提心論』にある論証の文章は、次の第五抜業因種心と趣旨が同じなので、ここでは抜き書きせず、あとでいっしょに引用することにします。ですから、子細は次のところでご覧ください。

第五　因縁を理解し根源的な無知をとりのぞいた段階（抜業因種心《ばつごういんしゅしん》）

抜業因種心とは、釈迦牟尼《しゃかむに》の教示をまったく受けず、単独で修行して悟りを得るゆえに独覚《どっかく》ともよばれる縁覚《えんがく》の悟りの対象となる境地にほかなりません。また、一時的に釈迦牟尼の教示を受けたものの、のちに釈迦牟尼のもとを離れ、単独で修行して悟りを得る部行独覚の悟りの対象となる境地でもあります。いずれにしても、かれらに利他の精神はありませんから、悟ったところで、他の人に説くことはありません。

この者たちは十二因縁を瞑想します。わたしたちが今いる世界は、地・水・火・風という四つの物質的な要素（四大《しだい》）、もしくは色《しき》・受《じゅ》・想《そう》・行《ぎょう》・識《しき》という物質と精神の領域にわたる五つの要素（五蘊《ごうん》）から構成されている、幻のようにはかない存在にすぎないと見抜き、嫌悪します。

花が散り葉が落ちるようすを目にして、生きとし生けるものがこの世に出現してくる生相、持続していく住相、変化していく異相、消え去っていく滅相という四つのありかた（四相《しそう》）を体得し、この世の無常を認識します。

山林や集落に居をかまえ、言葉を断って、瞑想に専念します。そして、悪しき行為（業《ごう》）や煩悩の残骸を引き抜き、無明の原因となる種子を根絶するのです。

このような縁覚の境地は、爪を切らず長くしたままだったので長爪梵志《ちょうそうぼんし》ともよばれ、どんな見解であろうとすべて認めないと主張したカウシュティラ（倶羞羅《くちら》）や、「プドガラ（補特伽羅）」という言語では表現できない輪廻転生《りんねてんしょう》の主体が存在すると主張する犢子部《とくしぶ》（ヴァーチープトリーヤ）の者たちが、いくら望んでも近づくことすらできません。同じく、この世の事物は永遠不滅と主張する建立外道《こんりゅうげどう》や、言葉は不滅であると主張するミーマーンサー学派（声論《しょうろん》外道）には、想像することすらできません。

縁覚は静まりかえった悟りの池でゆったりと泳ぎ、なんら作為のない悟りの宮殿でのどかにすごします。おのずから守るべき戒を、何者からも授かることなく、みずから得、悟りの智恵を、誰からも教えられることなく、みずから得ています。

三十七段階ある修行の階梯、すなわち四念処《しねんじょ》（身念処《しんねんじょ》・受念処《じゅねんじょ》・心念処《しんねんじょ》・法念処《ほうねんじょ》）と四正勤《ししょうごん》（断断《だんだん》・律儀断《りつぎだん》・随護断《ずいごだん》・修断《しゅだん》）と四如意足《しにょいそく》（欲如意《よくにょい》・勤如意《ごんにょい》・心如意《しんにょい》・観如意《かんにょい》）と五根《ごこん》（信根《しんこん》・精《しょう》進根《じんこん》・念根《ねんこん》・定根《じょうこん》・慧根《えこん》）と五力《ごりき》（信力《しんりき》・精進力《しょうじんりき》・念力《ねんりき》・定力《じょうりき》・慧力《えりき》）と七覚支《しちかくし》（念覚支《ねんかくし》・択法《ちゃくほう》覚支《かくし》・精進覚支《しょうじんかくし》・喜覚支《きかくし》・軽安覚支《きょうあんかくし》・定覚支《じょうかくし》・捨覚支《しゃかくし》）と八正道《はっしょうどう》（正見《しょうけん》・正思惟《しょうしゆい》・正語《しょうご》・正業《しょうごう》・正命《しょうみょう》・正精進《しょうしょうじん》・正念《しょうねん》・正定《しょうじょう》）を、誰からも教えられることなく、正しく認識しています。蘊処界《うんしょかい》とよばれる世界の構成要素、すなわち五蘊《ごうん》（色《しき》・受《じゅ》・想《そう》・行《ぎょう》・識《しき》）と六根《ろっこん》（眼《げん》・耳《に》・鼻《び》・舌《ぜつ》・身《しん》・意《い》）と六境《ろっきょう》（色・声《しょう》・香《こう》・味《み》・触《そく》・法《ほう》）と六識《ろくしき》（眼識・耳識・鼻識・舌識・身識・意識）について、師から教えられることなく、理解しています。

縁覚は神通力を駆使して人々を救いますが、言葉を使って救うことはしません。大いなる慈悲の心に欠けているので、人々を悟りにみちびいて、真の意味で救うすべをもっていないのです。ただひたすら、自分の苦しみだけを断って、身心を完全に滅却する灰身滅智《けしんめっち》という悟りを得るのみです。

したがって、『大日経』の「住心品《じゅうしんぼん》」に、こう説かれているのです。

悪しき行為（業）や煩悩の残骸であり、十二因縁を生じる無明の原因となる種子を根絶するのです。

また、『大日経』の「具縁品《ぐえんぼん》」には、「声聞と縁覚は、似ているようで、少し違うところがあります。それは、瞑想の領域にかかわるものです。悪しき行為（業）が原因となる再生を、声聞はいくら瞑想しても、とりのぞけないのですが、縁覚はそれもきれいさっぱりとりのぞけるのです」とも説かれています。

説明しておきましょう。十二因縁については、『守護国界主陀羅尼経《しゅごこっかいしゅだらにきょう》』の「入如来不思議甚深事業品」に、こう説かれています。

また次に、信仰あつき者よ。よく覚えておきなさい。

如来は、静慮《じょうりょ》とも解脱とも等持《とうじ》とも等至ともよばれる各種の瞑想を実践して、煩悩そのものを断ち、また煩悩が生じる根本的な原因をすべてありのままにご存じです。

如来がどのように煩悩についてご存じなのかというと、人々の煩悩が、いかなる原因から生じるのか、いかなる条件から生じるのか、をご存じなのです。迷いを滅した清らかな状態が、いかなる原因で得られるのか、いかなる条件で得られるのか、をご存じなのです。

このなかで、煩悩が生じる原因と条件とは、正しくない思考に求められます。つまり、正しくない思考が原因となり、根源的な無知あるいは迷いそのものにほかならない無明《むみょう》という条件をもたらします。無明が原因となり、ひたすら何かしようとする勢い（行《ぎょう》）という条件をもたらします。ひたすら何かしようとする勢いが原因となり、認識（識《しき》）という条件をもたらします。認識が原因となり、認識の対象（名色《みょうしき》）という条件をもたらします。

認識の対象が原因となり、眼・耳・鼻・舌・皮膚・心からなる六つの感覚器官（六処《ろくしょ》）という条件をもたらします。眼・耳・鼻・舌・皮膚・心からなる六つの感覚器官が原因となり、認識されたもの（触《そく》）という条件をもたらします。認識されたものが原因となり、好き嫌いとか暑い寒いとかの感覚が原因となり、尽きることのない欲望が原因となり、何が何でも欲しいとねがう執着（取《しゅ》）という条件をもたらします。何が何でも欲しいとねがう執着が原因となり、人間の悪しき行為のすべて（有《う》）という条件をもたらします。人間の悪しき行為のすべてが原因となり、苦しみに満ちた生命活動（生《しょう》）という条件をもたらします。苦しみに満ちた生命活動が原因となり、年老いて死ぬこと（老死《ろうし》）という条件をもたらします。

以上が、十二因縁の実態です。

このように、煩悩こそ原因であり、悪しき行為（業）こそ条件なのです。四諦《したい》を信じ切れない迷いの心が原因であり、貪欲がその条件なのです。まだ意識されていない煩悩が原因であり、現実に生じた煩悩がその条件なのです。以上が、煩悩が生じる原因と条件にほかなりません。

では、人々を悩ませるさまざまな煩悩を滅するには、どうしたら良いのでしょうか。

煩悩を滅する原因と条件に、二種類あります。一つは、他の人の見解を信じてしたがい、他の人が説くさまざまな真理の教えを聞くことです。もう一つは、自分の内心に正しい思いをいだくことです。

また次に、煩悩を滅する原因と条件に、二種類あります。これは、人々を清らかな状態にみちびいて、悟らせるためのものです。一つは、心を静めて一つの対象に止めておく（止）からです。もう一つは、正しい智恵で対象をありのままに観察する（観）からです。

また次に、煩悩を滅する原因と条件に、二種類あります。真理の世界から世俗の世界へとかえる仏の智恵（不来智《ふらいち》）があるからです。もう一つは、世俗の世界から真理の世界へといたる仏の智恵（如来智《にょらいち》）があるからです。

また次に、煩悩を滅する原因と条件に、二種類あります。一つは、この世の事物は生じもせず滅しもしないという真理を子細に観察するからです。もう一つは、そうすることで、悟りに近づくからです。

また次に、煩悩を滅する原因と条件に、二種類あります。一つは、布施《ふせ》（施しをすること）・持戒《じかい》（戒律を守ること）・忍辱《にんにく》（苦難に耐え忍ぶこと）・精進《しょうじん》（努力すること）・禅定《ぜんじょう》（瞑想して精神を統一すること）という六波羅蜜《ろくはらみつ》の五つを実践するからです。もう一つは、そうすることで、智恵（真理を体得すること）を開発し無明を滅するからです。

また次に、煩悩を滅する原因と条件に、尽智《じんち》と無生智《むしょうち》の二種類あります。人の身心は色と受と想と行と識の五つの要素から構成されていて、どこにも実体はないと見抜く瞑想(生空三昧《しょうくうさんまい》)を実践して、アートマン(我)はまるで幻や陽炎《かげろう》みたいなもので、実在していないと認識します。そのおかげで、苦を見極めたので、もう苦を見極める必要はないと認識し、集《しゅう》を断じたので、もう集を断じる必要はないと認識し、滅をあきらかにしたので、もう滅をあきらかにする必要はないと認識し、道《どう》を実践したので、もう道を実践する必要はないと認識する智恵、すなわち無生智《むしょうち》を得られます。また、苦集滅道から構成される四諦の、苦を見極め、集を断じ、滅をあきらかにし、道を実践したと認識する智恵、すなわち尽智《じんち》を得られます。

また次に、煩悩を滅する原因と条件に、二種類あります。一つは、仏の教えにしたがって、真理の道理に目覚めるからです。もう一つは、仏の教えにしたがって、真理の智恵を獲得するからです。

以上が、人々を悩ませる煩悩を除き滅するための、清らかな原因と条件です。如来はこれらのことをすべて知っておられます。

また次に、信仰あつき者よ。よく覚えておきなさい。

煩悩が生じる原因と条件は数えきれないので、煩悩を滅する原因と条件もまた数えきれません。あるいは、煩悩が悟りの原因や条件となる場合もあるのです。なぜなら、煩悩の本質をよく観察することが、悟りへのきっかけとなるからです。あるいは逆に、悟りが煩悩の原因や条件となる場合もあります。なぜなら、悟りによって、煩悩の原因や条件となる執着を生じるからです。

ここまで述べてきたことを、詩句に託します。

悟りの次元が低いので羊の車にたとえられる声聞に比べれば、悟りの次元がもう少し高いので鹿の車にたとえられる縁覚は、自分だけの悟りの世界に安住して、他の人々に教えをひろめようとはしません。縁覚といっても、一時的に釈迦牟尼の教示を受けた部行と、まったく受けない麟角《りんかく》（独覚）では、違いがあります。

十二因縁を深く瞑想し、百劫ものあいだ修行をつづけて、神通力を獲得します。業や煩悩の原因となる種子を引き抜き、死とともに身体も心も完全に滅却する（灰身滅智）ので、あとには虚空のように、なにも残りません。

心静かにひたすら瞑想にいそしみますが、仏からおしえさとされて、自他を区別せず慈悲心を発する大乗仏教に回心するのです。

質問します。この心の世界はどの経典や論書にもとづいて、説かれているのですか。

お答えします。『大日経』と『菩提心論』です。これらの経典や論書に、どのように説かれているのかというと、以下のとおりです。

『大日経』の「住心品」には、こう説かれています。

縁覚は、悪しき行為（業）や煩悩の残骸であり、十二因縁を生じる無明の原因となる種子を根絶するのです。また、宇宙の創造主などを建てる外道とは違います。このような心静かな境地は、仏教以外の信仰をもつ者には、想像すらできません。縁覚の境地はありとあらゆる過失をまぬがれている、と釈迦牟尼仏に先んじてあらわれた仏たちがおっしゃっています。

『大日経』の「具縁品」には、こう説かれています。

縁覚は、原因と結果の関係を深く観察し、言葉では表現できない真理を体得していますが、その真理を他の人に説こうとはしません。ありとあらゆる真理を獲得するために、言語活動から完璧に解き放たれた瞑想を実践します。これを縁覚の瞑想といいます。

同じく「具縁品」には、こうも説かれています。

秘密主よ。もし、縁覚や声聞が説く真言を受けいれるならば、その者はさまざまな罪過を打破できます。

さらに、こうも説かれています。

声聞が説く真言は、その一つ一つに、いろいろな効能が含まれています。そのなかで、縁覚（辟支仏《びゃくしぶつ》）と声聞とは少し違いがあります。その違いとは、縁覚の瞑想は業が原因となって繰り返される生存を浄化する点にあります。

龍猛《りゅうみょう》菩薩の『菩提心論』には、こう書かれています。

声聞乗と縁覚乗の道を歩む人々のうち、声聞は四諦の教えにとらわれ、縁覚は十二因縁の教えにとらわれています。

地・水・火・風という四つの物質的な要素（四大）、もしくは色・受・想・行・識という物質と精神の領域にわたる五つの要素（五陰《ごおん》＝五蘊）から構成されている事物は、最終的には摩滅してしまうと認識し、とことん嫌悪する心を起こして、人々の実体的な「我」が存在するという執着をくだきます。

仏の教えのとおり修行に励み、悟りを得て、完全な涅槃の境地に達することこそ最高であると信じ込んでいます。

したがって、真言の道を実践する者は、こう見抜かなければなりません。声聞乗と縁覚乗の道を歩む人々は、実体的な「我」が存在するという執着からは解き放たれていますが、この世の事物を構成している個々の要素は実在するとまだ思い込んでいます。

全部で八層ある意識構造のうち、第六の意識まで浄化するのが精一杯で、そのさらに奥に第七と第八の意識があることを知りません。

とてつもなく長い時間をかけて悟りに到達し、身心を完全に滅却する灰身滅智の境地こそ、最高の悟りと認識しています。かれがめざす境地は、果てしなく広がる虚空のように、なにひとつとして存在せず、つねに静寂をきわめています。

声聞や縁覚のように、すでに性質が固着してしまっている者に、大乗仏教をめざす心が生まれる可能性はすこぶる稀です。膨大な時間をかけなければ、大乗仏教をめざす心は生まれません。

しかし、性質が固着していない者は、時間をかけずとも、なにかきっかけさえあれば、回心して大乗仏教に目覚めます。『法華経』の「化城喩品《けじょうゆほん》」に説かれているように、化城つまり仮の悟りにすぎない境地から立ちあがり、自分はまだ欲界・色界・無色界という三界の迷いからようやく抜け出たばかりだと知るのです。

すなわち、過去世において仏を信じたゆえに、現世においてもろもろの仏菩薩からお力をいただき、ついに大乗仏教をきわめたいという心が生まれるのです。こうして、菩薩が修行して得られる五十二の位のうち、下から数えて第一番目から十番目の位から出発し、五十二段階の修行を三劫にわたってつづけ、難行苦行の果てにやっと仏になることができるのです。

ご存じのとおり、声聞や縁覚の智恵は狭くかつ劣っています。ですから、求めてはなりません。

龍猛菩薩（龍樹）が、『華厳経』のなかにおさめられている『十地経《じゅうじきょう》』に対する注釈書としてお書きになった『十住毘婆沙論《じゅうじゅうびばしゃろん》』に、こう説かれています。

もし、声聞の境地や辟支仏（縁覚）の境地に堕ちるならば、大きな損失でありわずらいにほかなりません。

『十住毘婆沙論』に引用されている、同じく龍猛菩薩作の『助道法』（『菩《ぼ》提《だい》資《し》糧《りょう》論《ろん》』）には、こう書かれています。


もし、声聞の境地や辟支仏の境地に堕ちるならば、
それは菩薩の死とよばれます。すなわちありとあらゆる利益を失うのです。

もし、地獄に堕ちようとも、声聞の境地や辟支仏の境地に堕ちるときのような恐怖は生じません。

もし、声聞や辟支仏の境地に堕ちるならば、それは最大の恐怖にほかなりません。

地獄のなかに堕ちたとしても、いつかはついに仏の境地に到達できます。

もし、声聞や辟支仏の境地に堕ちるならば、仏の境地に到達する道は完全に閉ざされてしまいます。


仏ご自身が経典のなかで、このことを解き明かしておられます。

長生きを願う者が、首を切られるのをとても恐れるように、
菩薩も同じように恐れるのです。声聞の境地や、
辟支仏の境地に堕ちることは、最悪の恐怖を生じるのです。

第六　実在するのは自分の心だけと見抜いた段階（他縁大乗心《たえんだいじょうしん》）

ここに菩薩の教えがあります。自分だけの悟りをめざす声聞《しょうもん》乗や縁覚《えんがく》乗と異なり、他者に対する慈悲の心をもつ、あるいは他者の救済を誓うというように、他者との縁を重視するので、この教えは他縁乗とよばれます。

この教えは、外界の事物は永遠不滅と主張する建立外道《こんりゅうげどう》や、どんな見解であろうとすべて認めないと主張する長爪梵士《ちょうそうぼんし》をはるかに超える高い次元に達しています。また、声聞や縁覚の教えとは比べものにならないくらい、普遍的なのです。

菩薩は、実体的な「我」は存在しないと見抜く人空《にんくう》と、外界の事物は原因と条件によって生じたものにすぎず、固定的な性質はもっていないと見抜く法空《ほうくう》を、ともに悟っています。

外界の事物はほんとうは実在していないのに、虚妄なる認識作用によって、あたかも実在するかのように認識されている場合が多いと見抜いています。存在の様態には、「妄想されたもの」と「他によるもの」と「完全に成就されたもの」の三つ（三性《さんしょう》）が想定されていますが、菩薩はその三つすべてをよく知っているのです。

〔「妄想されたもの（遍計所執性《へんげしょしゅうしょう》）」といい、文字どおり実在せず、妄想にすぎないのですが、世間のつねの人々はこの認識にとらわれ、執着しています。

「妄想されたもの」が生まれる原因は「他に依るもの（依他起性《えたきしょう》）」です。「他に依るもの」は、直前の虚妄《こもう》なる認識に依存して直後の虚妄なる認識が生まれるという因果関係が連続していることを意味しています。では、なぜ虚妄なる認識が生まれてしまうのかというと、世間のつねの人々の認識作用では、業《ごう》や煩悩にさまたげられて、対象をありのままに正しく把握できないからです。

「完全に成就されたもの（円成実性《えんじょうじつしょう》）」といい、虚妄なる認識作用が妄想された存在から解放された状態で、真理そのものにほかならず、仏にしか獲得できません。〕

菩薩は人空と法空、そして三性をきわめ、自我に対する執着という塵をきれいさっぱり洗い流します。そのうえで、生きとし生けるものすべてに対し、楽をあたえ（慈）、苦をのぞき（悲）、他の人の喜びを自分の喜びとし（喜）、他の人に愛憎親怨の心をもたず平等に接する（捨）という四無量心《しむりょうしん》を実践します。また、分かち合い（布施《ふせ》）、やさしい言葉をかけ（愛語《あいご》）、相手の利益を優先し（利行《りぎょう》）、誰に対しても平等に接する（同事《どうじ》）という四摂法《ししょうぼう》を実践します。さらに、人間の意識構造の最深部にひそむ阿頼耶識《あらやしき》のはたらきを深く詳細に考え抜き、心という実体は存在せず、幻や焔のようなものにすぎないと見極めるのです。

菩薩が修行に要する時間は三劫《こう》といって三回劫をへる必要があるほど膨大です。芥子劫《けしこう》といって、一辺が百由旬《ゆじゅん》（約七百キロメートル）もある城のなかに小さな芥子粒をつめこみ、百年に一度だけその芥子粒をとりさると仮定して、全部の芥子粒をとりさるために要する時間に匹敵します。もしくは、盤石劫《ばんじゃくこう》といって、一辺が百由旬（約七百キロメートル）もある巨大な岩に、百年に一度だけ天人が下りてきて、そのごく軽い羽衣でさっと岩を撫でると仮定して、その岩が摩滅してなくなってしまうのに要する時間に匹敵します。

菩薩の修行には、つぎの五段階あります。資糧位《しりょうい》・加行位《けぎょうい》・通達位《つうだつい》・修習位《しゅじゅうい》・究竟位《くきょうい》です。

第一位の資糧位は、本格的な修行に先立って、自分の資質を向上させる段階です。「資糧」とは「糧となるもの」という意味で、修行に励むことが自分自身の利益になるので、こうよばれます。ここでは、悟りの世界があまりに広大で深いと知って、修行に励む気持ちを失い（広《こう》深退《じんたい》）、修行があまりに難しいと知って、修行に励む気持ちを失い（難修退《なんしゅたい》）、悟りを得るのはあまりに難しいと知って、修行に励む気持ちを失う（難証退《なんしょうたい》）という三種の退屈に遭遇しても、悟りを得ようという初心がつらぬけるよう、懸命に努力します。また、修行を始めるにあたり四弘誓願《しぐせいがん》、すなわち必ず生きとし生けるものすべてを悟りにみちびきますと誓い（衆生《しゅじょう》無辺誓願度《むへんせいがんど》）、必ずすべての煩悩を断ちますと誓い（煩悩無尽誓願断《ぼんのうむじんせいがんだん》）、必ず仏の教えをすべて学びますと誓い（法門無量誓願学《ほうもんむりょうせいがんがく》）、必ず最高の悟りに到達いたしますと誓って（仏道無上誓願《ぶつどうむじょうせいがん》成《じょう》）、修行の結果、すぐれた悟りを得られるようにつとめます。しかし、資糧位の段階では唯識、つまり外界はわたしたちの心がつくりあげた幻影にすぎず、実在していないという教えになじめず、すべてを主観と客観という二分法で把握する傾向から、まだまぬがれていません。

第二位の加行位は、修行を開始する段階です。「加行」というゆえんは、修行の功を増加するからにほかなりません。ここでは、四尋思観《しじんしかん》と四如実智観《しにょじっちかん》とよばれる瞑想などを実践します。四尋思観と四如実智観は基本的に同じ瞑想ですが、四尋思観はまだ浅く、四如実智観はもっと深いという違いがあります。もう少し具体的に説明すると、事物につけられた名称（名《みょう》）・名称の意味（義《ぎ》）・事物そのもの（自性《じしょう》）・事物の様態（差別《しゃべつ》）は仮にそう認識されているだけで、実在していないと見極めるのです。この段階では、唯識の教えをある程度まで理解していますが、主観と客観という二分がまだ残っているために、外界が実在しているという誤った認識から、完全には解放されていません。こうして堅固な瞑想の城をきずき、そこに唯識の教えを奉じる将軍をお迎えするのです。

第三位の通達位は、資糧位と加行位がいわば準備段階とすれば、真理を把握するための本格的な段階になります。「通達」というゆえんは、真理に通達する、つまり真理を体得するからにほかなりません。この段階では、主観と客観の二分がなくなり、その結果、心が対象をまったく認識しなくなります。そして、あるのは「識（心）」のみと知るのです。それゆえに「唯識」とよばれます。こうなると、もはや言語活動や概念的な思考にわずらわされることはなくなり、真理と一体になる直感知（現観《げんかん》）を生じます。この直感知は、以下の六種類あります。意志作用にともなう認識作用で、喜びの感情とともに生じる直感知（思《し》現観）。仏法僧の三宝に対する絶対的な信仰をもたらす直感知（信《しん》現観）。瞑想を清らかにする生活規律にまつわる直感知（戒《かい》現観）。絶対真理を瞑想する智恵にまつわる直感知（現観智諦《ちたい》現観）。俗世間と出世間にわたる絶対真理の様相をあきらかにする直感知（現観辺智諦《へんちたい》現観）。完璧な悟りにまつわる十種の直感知（究竟《くきょう》現観）です。こうして悪魔の軍陣を征服し、悟りをさまたげる欲界の悪魔たちの総帥を征伐するのです。

第四位の修習位の「修習」とは、菩薩の修行段階として設定されている五十二の段階のうち、第四十一位から第五十位までの十段階を意味しています。この段階では、心も認識もなくなり、対象化もできなければ概念化もできない、文字どおり俗世間を超える直感知を獲得します。身心にまつわる煩悩から解き放たれるので、修行者の存在基盤が根底から変化します（転依《てんえ》）。この十段階については、『華厳経《けごんぎょう》』の「十地品《じゅうじほん》」にくわしく説かれています。ここではその名だけ、下から順番にあげておきます。歓喜地《かんぎじ》・離垢地《りくじ》・発光地《ほっこうじ》・焔慧地《えんねじ》・難勝地《なんしょうじ》・現前地《げんぜんじ》・遠行地《おんぎょうじ》・不動地《ふどうじ》・善慧地《ぜんねじ》・法雲地《ほううんじ》です。法雲地まで到達すれば、六種類の神通力を獲得し、無限に近い数の瞑想を成就し、微塵の数の菩薩たちを自分の配下として動員できます。こうして、八正道《はっしょうどう》という兵士を整備して、煩悩など、悟りを邪魔するもろもろの要素を、その性質に応じた縄で縛り上げます。六種類の神通力という精鋭の騎兵を駆使して、悟りを邪魔するもろもろの要素を、智恵の剣をふるって殺すのです。

第五位の究竟位は、修習位において、みずからの存在基盤が根底から変化すること（転依）を体験した者だけが到達できる段階です。まさに悟りの世界、仏の世界、涅槃の世界にほかなりません。煩悩はまったくなくなり、言葉ではまったく表現できず、もっぱら善であり、永遠不滅で、安楽な世界です。大いなる沈黙と静けさが支配する、真理そのものの世界です。この段階では唯識すらありません。この段階まで到達できた者に対しては、第五位という最高の爵位をあたえて、その功にむくいます。この究竟位という境涯は「常楽我常《じょうらくがじょう》」の四徳《しとく》をそなえています。すなわち、永遠に不滅不変であり（常）、安楽のみあって苦はまったくなく（楽）、いっさいの束縛から解放され（我）、浄化されて清浄きわまりない（浄）のです。この四徳の都に、心そのものを、王としてまねき、その功にむくいます。

このようにして到達した悟り、まさに悟りのなかの悟りであり、身心を完璧に安定した状態にみちびきます。言葉ではとうてい表現できず、身心をわずらわすものはもはや何もありません。唯一の真実のうえにどっかと腰を下ろして、なすべきことは何もなく、真理の宮殿にやすらぐだけです。

三阿僧祇《さんあそうぎ》（十の五十六乗×三）劫という膨大な時間をかけて修行を成就した者は、ここに帝王という称号を授けられ、あたかも鏡のようにすべての事象をありのままに映し出す大円鏡智《だいえんきょうち》・表面上の差異に関係なくあらゆる事象に共通する平等性を知る平等性智《びょうどうしょうち》・部分を的確に観察する妙観察智《みょうかんざっち》・すこぶる実践的な智恵をつかさどる成所作智《じょうしょさち》という四つの智恵をかねそなえた真理の王という称号を、いま初めて、ここに得るのです。

こうして、眼識・耳識・鼻識・舌識・身識・意識・末那識《まなしき》の荒れ狂う波浪は、第八識の阿頼耶識という大海に吸収されておさまり、煩悩の汚れを脱した菩薩は、悟りをさまたげていた眼識・耳識・鼻識・舌識・身識・意識という六つの賊どもを退治します。

主観と客観という二分から解き放たれた正しい智恵が、真実にして永遠不滅にして完璧であるのは、身の部分と蓋の部分がぴったり合う箱にたとえられます。悟りに到達して得た、救いの手だてとしての慈愛は、地獄から天上までの六道に住むすべての者たちに、あまねくいきわたります。

経・律・論の三蔵にまつわる法令をつくって、声聞・縁覚・菩薩という三つの資質をもつ者を指導します。生命あるものを殺さない、他人の財貨を盗まない、淫らな性行為にふけらない、悟ってもいないのに悟ったと嘘をつかない、有ること無いことを言いふらして人々を仲違いさせない、聞くに堪えない汚いののしりの言葉を吐かない、嘘偽りばかりの言葉を吐かない、際限のない欲望に身をゆだねない、怒りにふりまわされない、よこしまな見解をもたないという十善戒の規則をつくって、地獄から天上までの六道に住むすべての者たちをみちびきます。

唯識の教えでは、悟りへの道は、声聞乗・縁覚乗・菩薩乗の、三つが想定されています。認識にかかわる活動は、眼識・耳識・鼻識・舌識・身識・意識・末那識・阿頼耶識の、八つが想定されています。生まれつきの資質は、菩薩定性・縁覚（独覚）定性・声聞定性にくわえ、この三つのどれでもない不定性《ふじょうしょう》とまったく資質を欠く無性有情の、五つが想定（五性格別《ごしょうかくべつ》）され、仏になれる者と仏になれない者がいることになっています。〔もう少し詳しく説明します。仏になれるのは、原則的に菩薩定性の者と不定性の者の一部だけです。声聞定性の者と縁覚定性の者は、灰身滅智《けしんめっち》して阿羅漢《あらかん》になるのが精一杯です。無性有情の者は、悟りの種子（無漏種《むろしゅう》子《じ》）をもたず、迷いを生む煩悩の種子（有漏《うろ》種子）しかもっていないので、永遠に悟ることはできないとみなされているのです。〕

仏の身体を論じる仏身論では、永遠不滅なる仏身が一つ、生滅する仏身が二つ、おのおの想定されています。永遠不滅なる仏身とは、真理そのものである自性法身《じしょうほっしん》のことです。生滅する仏身のうち、受用身《じゅゆうしん》とは、その名がしめすとおり、説法の対象が受用できる、すなわち受けいれられる身体をもつ仏のことです。変化身《へんげしん》とは、歴史上の人物として、具体的な生身の身体をもって、この世に現れる仏のことで、釈迦牟尼がその代表例です

百億の応化身は、声聞や縁覚に対するのと同じように、菩薩に対しても、布施（施しをすること）・持戒（戒律を守ること）・忍辱（苦難に耐え忍ぶこと）・精進（努力すること）・禅定（瞑想して精神を統一すること）・智恵（真理を体得すること）という六波羅蜜（六つの完成）をお説きになります。他の人が受用できる身体をもつ受用身、すなわち他受用身としての釈迦牟尼は、千の蓮華のうえに坐して、声聞・縁覚・菩薩に、等しく教えをお授けになります。

唯識の教えは、この世の生きとし生けるものすべてを「縁」とするので、「他縁」とよばれます。ちっぽけな羊の車に喩えられる声聞の教えや、それよりは少しましな鹿の車にたとえられる縁覚の教えに比べれば、はるかに偉大な教えなので、「大」の名があります。自分だけでなく、他の人も悟りへとみちびくの乗り物なので、「乗」という文字がつけられています。

いま指摘したことは、どれをとっても、君子たる者がおこなうべきふるまいであり、菩薩が心すべきことがらなのです。

以上が、中国の北方で大成された法相宗《ほっそうしゅう》の大綱にほかなりません。

ここまで述べてきたことを、詩句に託します。

心の海は静まり、波一つなかったのに、あやまった認識の風が吹くと、たちまち心が波立ちます。

愚者は幻の男と女に幻惑され、外道は蜃気楼《しんきろう》のように実在していないこの世に、狂ったように執着しています。

天上界も地獄界も、みずからの心が創り出したとは知らずに、心が創り出す災いをとりのぞくことなど、できるはずがありません。

六波羅蜜を三劫という膨大な時間をかけて実践し、五十二段階ある菩薩の修行階梯を、みずからの心のなかに展開します。

自分も外界も存在するという認識がもたらす誤解を、ともに断って、清められれば、悟りも涅槃も、わが宝となるのです。

常・楽・我・常の四つも法身・般若《はんにゃ》（究極の智恵）・解脱《げだつ》の三つも、みなそなえているのに、このことを知らずに、外界に答えを求めるのは、すこぶる愚かな行為です。

真理の世界は、言語や思考を断ったかなたに、あまねくひろがっているのに、それを知らず、水草のように生死の海に沈む人々はまことに哀れです。

質問します。この章で説かれた心の世界は、どの経典や論書にもとづいているのでしょうか。
お答えします。『大日経』と『菩提心論』です。

質問します。その経典などには、どのように説かれているのですか。
お答えします。『大日経』の「住心品《じゅうしんぼん》」には、こう説かれています。

秘密主よ。大乗仏教の修行者が実践すべき修行があります。存在するのは心だけであって、心以外のなにものも存在していないという無縁の教えをかたく信じ、外界に存在する事物すべてに実体がないと確認するのです。なぜかというと、修行者は、かつてこのような修行を実践した者と同じように、世界を構成する五蘊、すなわち色・受・想・行・識の根底にひそむ阿頼耶識の正体を見極めて、外界に存在する事物の本性が、ちょうど幻や陽《かげ》炎《ろう》や影や木霊《こだま》やぐるぐるまわる火縄の輪や蜃気楼みたいに、はかないものにすぎないと知ることになるからです。

龍猛《りゅうみょう》菩薩の『菩提心論』には、こう書かれています。

また、大乗仏教の悟りを得たいと願って、菩薩のなすべき修行を実践する者たちは、もろもろの教えをあますところなくいとなみます。三阿僧祇劫という膨大な時間をかけて、六波羅蜜を数限りなく実践し、ことごとく成就して悟りを得ます。永遠に近い時間をかけなければ成就できない理由は、実践すべき真理の教えに、資質の違いに応じた階梯が設定されているからです。

質問します。「我」への執着によって生じ輪廻転生の原因となる煩悩障《ぼんのうしょう》、および身体のような物質的な存在に対する執着によって生じ輪廻転生の原因となる所知障《しょちしょう》を断ち、常・楽・我・常の四徳を成就した仏は、究極の仏と言えるのでしょうか。

お答えします。そのような修行を成就した者では、ほんとうの悟りに到達したとは言えません。

質問します。なにを根拠にして、そう言えるのですか。

お答えします。龍猛菩薩が『釈摩訶衍論《しゃくまかえんろん》』に、こう説いています。

すべての修行者がすべての悪を断ち、すべての善を実践した結果、菩薩の十地の階梯を超えて最高の境地に到達し、真理そのものである法身・具体的な身体こそもたないが、救済の力をもつ報身・具体的な生身の身体をもってこの世に現れる応身という三身を自在に駆使でき、常・楽・我・常の四徳をそなえたとしても、その修行者はまだ根源的な無知にほかならない無明の境地に安住しているだけで、悟りの境地に到達したとは言えません。

いま、論拠となる文章を読むと、この心の世界に住む仏は、心の本源にまだ到達していません。ただひたすら心の外の迷いを遮断できたにすぎず、心中の秘蔵の宝を手に入れたとは言えないのです。

第七　空を理解して二元論的な対立を超越した段階（覚心不生心《かくしんふしょうしん》）

そもそも、大空は果てしなく広く、すべての形あるものとすべての現象を、天地の間にある一つの大気のなかに含み、大海は底知れず澄みわたって、ありとあらゆる物を、どこまでも広がる一つの水のなかに宿しています。

このことからわかるとおり、一という数は、数限りないものの母にほかなりません。同じように、「空《くう》」はこの世に現象としてあらわれているものすべての根源なのです。

この世に現象としてあらわれているものは、実在しているとは言えませんが、現象として存在していることは確かであり、個々の存在は、現象というかたちで、あたかも森のなかに樹木が林立しているように、連なりあっています。

絶対の「空」は、まったく無いという意味ではなく、無いという固定的なありかたもまた無いのです。

色形あるものは、空というありかたで存在しますから、ありとあらゆる存在は、すなわち空であると言えます。空は、色形あるものにほかなりませんから、もろもろの色形あるものに固有の性質は認められないとはいえ、色形あるもの自体は、そっくりそのまま存在しているのです。

したがって、色形あるものはすなわち空であり、空はすなわち色形あるものなのです。この世の事物もまた、同じです。そうでないものなど、ないのです。それは、水と波がそれぞれ別にありえないのと、同じです。黄金という質料（素材）と黄金でつくられた装飾品という形相がそれぞれ別にありえないのと、同じです。

また、唯一ではなく、かといって二つでもないと主張される理由も、同じです。有《う》にとらわれる者を教えさとすために、世俗を離れた最高真理（真諦《しんたい》／勝義諦《しょうぎたい》）が説かれ、空にとらわれる者を教えさとすために、世俗的な次元の真理（俗諦《ぞくたい》／世俗諦《せぞくたい》）が説かれる（非有非空《ひうひくう》）理由も、まったく同じです。

さらに、四種の中道《ちゅうどう》が主張されるのも、そうです。すなわち、この世の事物に実体があるとみなす常見《じょうけん》と実体がないとみなす断見《だんけん》のどちらか一方に偏った見解をただすために説かれる対偏中《たいべんちゅう》。常見と断見というあやまった見解を滅尽して、真の中道の教えが開示される尽偏《じんぺん》中《ちゅう》。常見と断見を超え、言語による表現をも超える絶対の真理にほかならない絶待中《ぜつだいちゅう》。絶待中を体験したのちに、仮に現象世界を成立させ、人々をみちびく成仮中《じょうけのちゅう》。これら四種の中道が主張されるのも、まったく同じ理由があるのです。

「空性《くうしょう》」という真理は、それを悟っても何も得るところはないので執着の対象にならない（無所得空）と瞑想します。無益な論議を、心は生じない・滅しない・断絶しない・連続しない・一ではない・別でもない・来ない・去らないという、心の本質にまつわる八つの真理（八不《はっぷ》）を体得して、超越します。

そうすれば、煩悩を生じさせて修行をさまたげる煩悩魔《ぼんのうま》、修行者の身心の調和を乱して修行をさまたげる陰魔《おんま》、修行者の生命をおびやかして修行をさまたげる死魔《しま》、第六天自在天の魔王が介在して修行をさまたげる天魔《てんま》という四魔は、戦うまでもなく降参し、貪りと瞋《いか》りと愚かさという三毒も、殺すまでもなく降参します。

生死《しょうじ》がそのまま悟りの世界ですから、生と死をわけへだてる必要がありません。煩悩がそのまま悟りですから、煩悩を断ち、悟りを得る労も必要ありません。

しかし、わけへだてるという発想とは縁がないとはいっても、悟りへといたる階梯を否定するわけではないので、五十二の階梯はそのままたもたれます。そして、わけへだてるという発想とは縁がないために、たったの一念で悟りを成就することは否定しません。そして、ふつうであれば三大劫《さんだいこう》という膨大な時間を必要とする修行を、たったの一念のあいだに成就し、有と空の対立を超越した唯一絶対の道を疾走する乗り物に、声聞《しょうもん》と縁覚《えんがく》と菩薩《ぼさつ》を乗せて、悟りへとみちびくのです。

第四段階の心の世界の「唯蘊無我心《ゆいうんむがしん》」が、この世の事物になんら固定的な性質がないと知らないことは悲しむにあたいし、第六段階の心の世界の「他縁大乗心《たえんだいじょうしん》」が、認識の主体と客体をわけへだてていることは嘆くにあたいします。わたしたちの心の核心部は、なにものにも制約されず自由で、清らかな水のような本性をもち、心が生み出す偶発的な動揺や汚濁の波浪は静まりかえります。

仮の智恵と真の智恵は、それぞれ異なる方向から、完璧な悟りを解き明かします。世俗を離れた最高真理と世俗的な次元の真理は、互いに関連し合いながら、覚心不生心という心の世界にまつわる教理を、絶対の中道からみちびきだします。心の本性は生じたり滅したりしないことを確認し、認識の主体と客体は区別できないことを認知するのです。

以上が、中国の南方で大成された三論宗《さんろんしゅう》の大綱にほかなりません。

ですから、『大日経』の「住心品《じゅうしんぼん》」において、大日如来が秘密主に、こう告げているのです。

秘密主よ。中観《ちゅうがん》派の者たちは、このように、この世の事物にはなんら固定的な性質がないという見解すら捨てて、わたしたちの心主は、なにものにも制約されず自由であることや、自分の心が生じたり滅したりしないことを確認するのです。なぜかというと、秘密主よ。心は過去においても未来においても、「これが心だ！」というぐあいに、断定的に把握しがたいからです。

この文言は、『大日経疏《だいにちきょうしょ》』に、こう注解されています。

心主は心王ともいい、わたしたちの心の核心部を意味しています。有とか無とかにとらわれないので、心に障害となるものはなく、あたかも主上か王のごとく、思うがままに善行を実践することができます。したがって、わたしたちの心の核心部はなにものにも制約されず自由であるというのです。わたしたちの心の核心部はなにものにも制約されず自由であるというのは、清らかな悟りを求める心（浄菩提心《じょうぼだいしん》）がさらに発展して、以前の心の世界よりもずっとすぐれた境地に到達できることを意味しています。

池の水の本性が清らかなように、わたしたちの心の核心部は清らかそのものであり、心が生み出す偶発的な汚濁を除去して清らかにすることは、心が生み出す偶発的な汚濁の本性が、じつは汚濁ではなく清らかだからこそ、可能なのです。ですから、心がもともと清らかなことを知れば、自分の心が生じたり滅したりしないことを確認できるのです。

その理由は、心は過去においても未来においても、「これが心だ！」というぐあいに、断定的に把握しがたいからなのです。たとえていうなら、大海に波が立つのは、風という縁があって初めて立つのであって、風が吹く前には波は立たず、風が吹いた後にも波は立たず、しかも海の水の本性に波を立たせる縁はないのです。

また、風が吹くという縁によって波が立つとき、海の水の本性そのものはその前からずっと変わらずにあり、風が止まるという縁によって波が静かになるとき、海の水の本性そのものはその後にもずっと変わらずにあるのです。

わたしたちの心の核心部と心の働きの関係も、それとまったく同じです。ある現象が生起する前とか後とか、そんなことは問題外なのです。前とか後とかは問題外なのですから、認識の対象という風が吹くことが縁になって、心の働きに波が立っても、心の本性そのものは常に生じたり滅したりしないのです。

こうして、わたしたちの心は生じたり滅したりしないと確信する段階は、最高の心の世界（第十秘密荘厳心《ひみつしょうごんしん》）にほかならない阿字門《あじもん》の入口に、ようやくたどり着いたところにあたります。このような段階に到達した修行者が体験する生死の原因と条件、生成と消滅などについては、『勝鬘経《しょうまんぎょう》』や『究竟一乗宝性論《くきょういちじょうほうしょうろん》』や『仏性論《ぶっしょうろん》』などに詳しく説明されています。

「本不生《ほんぷしょう》」というのは、さきほど指摘したとおり、わたしたちの心は生じたり滅したりしないという意味にくわえて、この世の事物はすべて、生じない・滅しない・断絶しない・連続しない・一ではない・別でもない・来ない・去らないという「八不」の真理を明らかにしたものです。三論宗の学者はこの「八不」をもって、究極の中道とみなします。ですから、三論宗を大成した隋の嘉祥大師《かじょうだいし》こと吉蔵《きちぞう》法師は、その著書の『大乗玄論《だいじょうげんろん》』のなかの「二諦義《にたいぎ》」や「方言義《ほうごんぎ》」や「仏性義《ぶっしょうぎ》」などの章で、さかんにこの点を論じているのです。

ここまで述べてきたことを、詩句に託します。

原因と条件によって生じた事物は、固有の性質をもっていません。それらは空であり、仮の存在であり、有でもなければ無でもないという中道の真理は、生滅を超えて絶対なのです。

波が立とうと静まろうと、水そのものはなんら変化していません。心もまた、なんら変化せず、つねに澄み切っています。

色形あるものは空であるという永遠不滅の真理に到達するならば、世俗を離れた最高真理と世俗的な次元の真理の関係は、じつによく把握できます。

「八不」という鋭利な剣をふるって、無益な論議を一刀両断します。生滅《しょうめつ》・不生不滅《ふしょうふめつ》・

亦生滅亦不生滅《やくしょうめつやくふしょうめつ》・非生滅《ひしょうめつ》・非不生滅《ひふしょうめつ》にまつわる概念的な思考（五辺《ごへん》）を克服して、心は安らかです。

心はなにものにも妨げられず自在に活動して、この第七段階の心の世界の道を歩みます。さらに、空を説く第七段階の心の世界という初門を超えて、つぎの第八段階の心の世界へと進んでいくのです。

『大日経』の「住心品」には、こう説かれています。

秘密主よ。中観派の者たちは、このように、この世の事物にはなんら固定的な性質がないという見解すら捨てて、わたしたちの心主は、なにものにも制約されず自由であることや、自分の心が生じたり滅したりしないことを確認するのです。なぜかというと、秘密主よ。心は過去においても未来においても、「これが心だ！」というぐあいに、断定的に把握しがたいからです。

このように、みずからの心の本質を知ることこそ、悟りを得るために克服しなければならない三劫、すなわち三妄執《さんもうじゅう》のうち、第一劫の麁《そ》妄執を克服した者が、今度は第二劫の細《さい》妄執を克服するために、ヨーガ（瑜祇《ゆぎ》／瑜伽《ゆが》＝瞑想修行）を実践して、なすべき修行なのです。

『菩提心論』には、こう書かれています。

この世のありとあらゆる事物は空であると知りなさい。事物が生じたり滅したりしないとわかれば、心の本体はまさにあるがままであって、身体と心が別々という認識などもちようがありません。そして、煩悩を完全に克服し、いっさいの差別を離れ、究極の真理に関する智恵を得て、もとの低次元の境地にもどることはけっしてありません。

もし、妄執の心が頭をもたげてきたときは、その原因を知性によって求めてはなりません。妄執の心が消え去るとき、わたしたちが生まれつきもっている心が空であるとわかります。

質問します。もろもろの無益な論議を絶って、心静かになり、なにもなさない。このような心の世界は、究極の悟りと言えるのでしょうか。

お答えします。龍樹《りゅうじゅ》菩薩は著書の『釈摩訶衍論《しゃくまかえんろん》』の巻第五に、こう説いています。

清らかな悟りはもともとそなわっているのであって、永遠の過去から現在にいたるまでずっと、自力で修行したからといって得られるわけではなく、また他力によって得られるわけでもありません。その悟りには、わたしたちが生まれつきもっている徳が完璧にそなわり、生まれつきもっている智恵もすべてそなわっています。

また、有・無・亦有亦無・非有非無にまつわる概念的な思考（四句）を超え、その四句に非非有非非無を加えた概念的な思考（五辺）を離れています。

この心の世界には、自然という表現も、清浄という表現も、あたっていません。なぜなら、言葉で表現できる範囲を完全に離れているからです。

しかし、このような心の世界は、まだ無明《むみょう》とよばれる根源的な無知の領域にとどまったままであって、悟りの智恵とは言えません。

第八　心の本性をきわめた段階（一道無為心《いちどうむいしん》、または如実知自心《にょじつちじしん》・空性無境心《くうしょうむきょうしん》）

孔子は中国に生まれて、仁・義・礼・智・信という五つの徳目（五常）をお説きになりました。釈迦牟尼《しゃかむに》はインドに生まれて、誰でもいつか仏になれるという一乗（仏乗）の教えを、声聞《しょうもん》と縁覚《えんがく》と菩薩《ぼさつ》では資質が異なることを考慮して、声聞乗・縁覚乗・菩薩乗という三つの道のかたちで、お説きになりました。

ところが、心の乱れた人民は、あやまった考えにとらわれたままで、孔子の教えを受けいれようとはしませんでした。無知の闇に閉ざされた人民は、釈迦牟尼の説法を理解できず、去ったまま返ってきませんでした。

孔子の教えを受けいれて、その奥義に達したのは、ひろく道理に通じた七十人ほどの弟子たちだけでした。釈迦牟尼ご自身の口からじかに説法を聞いて、その教えを信じたのは、一万一千の聖者たちだけでした。

このように、中国にせっかく五つの徳目があっても、それにしたがう者はありませんでした。『法華経《ほけきょう》』の「譬喩品《ひゆほん》」に説かれるとおり、燃え上がる家屋敷の外に、仏乗という最高の車が用意されていても、声聞乗や縁覚乗、菩薩乗が最高の教えと信じて疑わない者は、乗りませんでした。

こんなわけで、釈迦牟尼は悟りを得たのちも、菩提樹のもとで二十一日間にわたって、瞑想をつづけ、布教をはじめてから四十年間にわたって、大乗仏教をひろめる機会を待ったのです。布教をはじめた当初は、苦集滅道《くじゅうめつどう》という四聖諦《ししょうたい》を説き、ついで大乗仏教を説いて、人および人をとりまく環境世界の汚れを洗い流し、それから「薬草喩品《やくそうゆほん》」（『法華経』、以下同）にあるとおり、尊い教えをあたかも雨のように降りそそいで、雨が草木の芽をはぐくむように、人々の悟りを求める心をはぐくんだのでした。

また、釈迦牟尼は「蓮華三昧《れんげざんまい》」とよばれる瞑想を実践して、人が生まれつきもっている徳はけっして汚れに染まらないことを確信し、「序品《じょほん》」では眉間の白毫《びゃくごう》から一条の光を放って、ありとあらゆる智恵を完璧におさめおえた証としたと説かれています。

「方便品《ほうべんぼん》」などでは、声聞乗・縁覚乗・菩薩乗を仏乗に統合し、仏教の智恵がいかに深遠で多岐にわたるかが説かれています。

「如来寿量品《にょらいじゅりょうほん》」では、仏がじつは永遠不滅の生命の持ち主であることが説かれています。歴史上に実在した釈迦牟尼が涅槃《ねはん》に入ったのは、人々を正しい道にみちびくための方便《ほうべん》であり、ほんとうは永遠の過去に悟りを得て以来、現在はもとより、未来永劫にわたって真理を説きつづけていくことを明らかにしたとも説かれています。

「見宝塔品《けんほうとうほん》」には、釈迦牟尼如来と多宝《たほう》如来が虚空《こくう》に浮かぶ大宝塔のなかで、仲良くならんで坐すさまが説かれています。

「従地涌出品《じゅうじゆじゅつぽん》」では、大地が震動を起こして裂け、そこから無数の菩薩たちがあらわれて、真実の法を説きひろめる誓いを立てたことが説かれています。釈迦牟尼の教えを受け継いでひろめる菩薩のなかでも、とりわけ指導的な立場にある四人の菩薩、すなわち上行《じょうぎょう》菩薩・無辺《むへん》行《ぎょう》菩薩・浄行《じょうぎょう》菩薩・安立行《あんりゅうぎょう》菩薩が、声をそろえて、仏の偉大さをほめたたえたとも説かれています。

「安楽行品《あんらくぎょうほん》」では、転輪聖王《てんりんじょうおう》が抜群の功績をあげた戦士に、自分のもとどりの中に隠して誰にもあたえなかった宝珠を、恩賞としてあたえるように、悟りを求めてあらゆる魔を征服し、あらゆる煩悩を克服した者たちに、仏は恩賞として、『法華経』をあたえると説かれています。

「観世音菩薩普門品《かんぜおんぼさつふもんぼん》」では、あまたの功徳を生きとし生けるものにあたえる観世音菩薩をほめたたえて、無尽意《むじんに》菩薩が身につけていた瓔珞《ようらく》をささげたところ、観世音菩薩はその瓔珞を二つに分け、釈迦牟尼如来と多宝如来にさしあげたと説かれています。

「譬喩品」では、数ある仏弟子のなかでも智恵第一とたたえられた舎利弗《しゃりほつ》が、釈迦牟尼の口から『法華経』が説かれるのを聞いて、その内容がそれまで耳にしてきたものとあまりに違うので、釈迦牟尼が悪魔に変じたのではないかと疑ったと説かれています。

「従地涌出品」では、大地の裂け目から出現した無数の菩薩たちが、どう見ても釈迦牟尼よりずっと年長なのに、釈迦牟尼が「わたしの弟子たち」と呼びかけたのを聞いて、弥勒《みろく》菩薩が奇怪なことだと思ったと説かれています。

「方便品」では、声聞乗・縁覚乗・菩薩乗という三乗は、劣った教えにこだわりつづける声聞や縁覚を正しい道にみちびきいれるために、あえて用意された方便であって、一乗、つまり誰でもいつかは仏になれるという仏乗こそが真実であると説かれています。そして、この真理を伝えることこそ出世の本懐、すなわち釈迦牟尼がこの世にあらわれた本心であり、この唯一無二の道を実践しなさい、と生きとし生けるものすべてに教えさとすことこそ、『法華経』の使命なのだ、と初めてあかされたとも説かれています。

以上のようなわけで、「譬喩品」では、声聞を乗せる羊車や縁覚を乗せる鹿車《ろくしゃ》は、悟りという目的地に到達する前に動かなくなり、仏乗の白く大きな牛車《ごしゃ》だけが、悟りに向かって疾走すると説かれています。

「提婆達多品《だいばだったほん》」では、海中の龍宮からあらわれた龍王の娘が釈迦牟尼に迎えられ、みんなが見守る前で、女性から男性へと変身してみせ、すでに悟りを得ていることを証明したと説かれています。

「安楽行品」では、菩薩としての善きおこないと正しい交際関係こそ、身心を苦悩から解き放つ安らぎの宿であると説かれています。

「方便品」では、この世にありとしあるものすべての表面上の形態にまつわる真理、内在する性質にまつわる真理、本体にまつわる真理、内在する力にまつわる真理、内在する力が外にあらわれるときの作用にまつわる変化の直接的な原因にまつわる真理、結果にまつわる真理、結果にかかわる変化の間接的な原因にまつわる真理、直接的な原因と間接的な原因から生じる結果にまつわる真理、その結果がとる具体的なすがたにまつわる真理、そして以上の九つの要素がいかなる場においても一貫して成立しているという真理（十如是《じゅうにょぜ》）が、瞑想（止観《しかん》）の宮殿で安らいでいると説かれています。

「見宝塔品」では、常寂光土《じょうじゃっこうど》、すなわち永遠不滅かつ絶対に安穏で、智恵の光に満ちている聖なる場には、真理そのものにほかならない法身仏《ほっしんぶつ》がおいでになり、主体と客体という分別を超える境地を成就して、心の本性を見極めておられると説かれています。現実の世界で活動できる身体をもつ応身《おうじん》や化身《けしん》とよばれる仏たちは、過去仏である多宝如来がお立てになった「全宇宙のどこであろうと、『法華経』を説く者があれば、みずから宝塔とともに出現し、その正しさを証明しよう」という行願を成就するために、膨大な数の分身となり、全宇宙のいたるところで、その場にふさわしいすがたで現れ、『法華経』をひろめると説かれています。『法華経』にもとづく第八一道無為心という心の世界は、静寂をきわめながら、対象を照らし出します。対象を照らし出しながら、つねに静寂をきわめています。それは、澄み切った水と、水に映る影像の関係によく似ています。磨き上げられた黄金と、そこに映る影像の関係にたとえられます。水や黄金は照らし出された対象と同一であり、照らし出された対象は水や黄金と同一なのです。

したがって、こういう結論が得られます。認識の対象は智恵と別のものではなく、智恵は認識の対象と別のものではないのです。それゆえに、この心の世界は「無境界《むきょうがい》」、つまり認識の対象が、認識の対象単独では存在しない世界とよばれます。そして、それは、自分の心をありのままに知ることにほかなりませんから、自分の心をありのままに知ることこそ悟りであるとみなされるのです。

ですから、『大日経』の「住心品《じゅうしんぼん》」において、大日如来が秘密主に、こう告げているのです。

秘密主よ。悟りとは何かというのであれば、それは自分自身の心をありのままに知ることにほかなりません。

秘密主よ。このうえなく正しい悟り（無上正等覚《むじょうしょうとうがく》）は、もしくはいまここに現にある世界は、悟りを求める心を離れては、なにひとつ把握することができません。なぜなら、悟りとはあたかも虚空のような性質をもっているので、理解できる者もいなければ、理解の対象にもなりえないからです。なぜなら、悟りは具体的なすがたをもっていないからです。

秘密主よ。この世のありとあらゆる事物は、じつは具体的なすがたをもっていないのです。虚空のようなものなのです。

〔『大日経』の「住心品」には、つづいて金剛手《こんごうしゅ》が大日如来に、こう尋ねたと説かれています。〕

世にも尊きお方にお尋ねいたします。

誰が、すべてを知る者（一切智者）の智恵ともよばれる最高の智恵を、尋ね求めるのでしょうか。

誰が、悟りを得ようとしているのでしょうか。悟りに到達しようとしているのでしょうか。

誰が、かの最高の智恵を目覚めさせようとしているのでしょうか。

〔この問いに対して、大日如来はこうお答えになっています。〕

秘密主よ。誰がというのであれば、自分自身の心に、悟りも最高の智恵も求めるべきです。なぜなら、心の本性は清らかだからです。

心は、身体の内部にある眼・耳・鼻・舌・皮膚・意識という感覚器官のなかに認識できず、身体の外部にあって感覚器官の対象となる色・声・香・味・触感・事物のなかにも認識できません。また、内部と外部の中間領域にも認識できません。

秘密主よ。如来の悟りは、青でもなく、黄でもなく、赤でもなく、白でもなく、紅でもなく、紫でもなく、水精（水晶）の色でもなく、長くもなく、短くもなく、円形でもなく、方形でもなく、明るくもなく、暗くもなく、男性的でもなく、女性的でもなく、男性でもなければ女性でもない者でもありません。

秘密主よ。心は、わたしたちが生きている欲望にまみれた世界（欲界《よくかい》）と同じ性質をもっていません。欲望を離れたものの、物質的な存在はまだ残っている世界（色界《しきかい》）と同じ性質をもっていません。欲望も物質的な存在もなく、精神作用だけが残っている世界（無《む》色界《しきかい》）と同じ性質をもっていません。神々・龍神・夜叉《やしゃ》・乾闥婆《けんだつば》・阿修羅《あしゅら》・迦楼羅《かるら》・緊那羅《きんなら》・摩睺羅伽《まごらが》・人・人にあらざる者と同じ性質をもっていません。

秘密主よ。心は眼が見る領域にはありません。耳が聞く領域にもありません。鼻が嗅ぐ領域にもありません。舌が味わう領域にもありません。皮膚が感じる領域にもありません。意識が捉える領域にもありません。見えるものでもなく、現れるものでもありません。なぜなら、心は、虚空がそうであるように、認識の働きによって把握できる対象ではなく、かといって認識の働きを否定することによって把握できる対象でもないからです。

その理由は、こうです。本性という観点からすると、虚空と同じであれば、それは心と同じです。心と同じであれば、それは悟りと同じです。秘密主よ。このように、心と虚空界と悟りの三種は、無二の関係にあるのです。これら三種は、大いなる慈悲（悲）を根本として、現実の世界における他者救済の実践的な活動（方便）を成就するのです。

こういうわけで、秘密主よ。わたし（大日如来）は現象世界にまつわる真理について、以下のように説くのです。菩薩たちに対しては、悟りを求める心は、主体と客体という二元的な対立を超越する清らかなものなのだと教えさとします。また、在家の信仰あつき男女が、悟りとは何かを知りたいのであれば、ここまで説いてきたとおり、自分自身の心をありのままに知りなさいと教えさとします。

秘密主よ。自分自身の心を知るにはどうしたらよいのか、というのであれば、以下のような真実を認識する必要があります。過去世の因縁によって生じた身体から知ることはできません。色彩から知ることもできません。形態から知ることもできません。眼・耳・鼻・舌・皮膚・意識という感覚器官によって認識される色・声・香・味・触感・事物から知ることもできません。色・受・想・行・識という五蘊《ごうん》から知ることもできません。

仏教以外の者たちが主張するさまざまな「我《が》」からも、自分自身の心を知ることはできません。すなわち、常住不変の我（アートマン）からも、我が所有するもの（我所《がしょ》）からも、認識の主体としての我（能執《のうしゅう》）からも、認識の客体としての我（所執《しょしゅう》）からも、なにものからも影響を受けないので清らかであるとされる我（清浄《しょうじょう》）から、知ることはできません。

あるいは、人を構成する十八の要素（十八界《じゅうはちかい》）からも知ることはできません。すなわち、眼・耳・鼻・舌・皮膚・意識という六つの感覚器官、色・声・香・味・触感・事物という六つの認識対象、眼識・耳識・鼻識・舌識・身識・意識という六つの認識作用から知ることもできません。

あるいは、人を構成する十二の要素（十二処《じゅうにしょ》）からも知ることもできません。すなわち、眼・耳・鼻・舌・皮膚・意識という六つの感覚器官、色・声・香・味・触感・事物という六つの認識対象から知ることもできません。

あるいは、ありとあらゆるすがたかたちの違いから、心を知ることもできません。

秘密主よ。このような菩薩の清らかな悟りを求める心こそ、如来の智恵にいたる入口となるのです。それゆえに、この入口は、菩薩が歩むべき最初の道程（初法明道《しょほうみょうどう》）とよばれるのです。

これらの文言に注釈をくわえると、「心にはかたちがなく、虚空のようであり、青でもなければ黄でもない……」など、『大日経』「住心品」の言葉は、どれをとっても、真理そのものにほかならない法身が説く真理であり、この第八「一道無為心」の真理をあきらかにするものです。そして、如来はこの教えを「菩薩が歩むべき最初の道程（初法明道）」と名付けておられるのです。

『大智度論《だいちどろん》』では、この教えを「入仏道の初門《にゅうぶつどうのしょもん》」とよんでいます。この場合の「仏道」とは、金剛界曼荼羅《こんごうかいまんだら》の大日如来を指しています。この仏は、顕教《けんぎょう》では永遠不滅の真理（理法《りほう》）と智恵を兼ねそなえた究極の法身とされますが、真言密教を学べば、まだ初歩的な次元の仏にすぎないことがわかります。この点については、大日如来や龍猛《りゅうみょう》菩薩がはっきりお説きになっているので、疑問の余地はありません。

また、『大日経』の「住心品」に説かれている、

それが空である（空性《くうしょう》）ということは、感覚器官（根《こん》）では把握できません。感覚器官によって認識される対象（境《きょう》）としても、把握できません。すがたかたちもなければ、感覚器官によって認識される領域もありません。役立たずのもろもろの論議を超えていて、虚空にそっくりです。現実の世界にも真理の世界にも属していません。いかなる活動からも影響を受けません。眼・耳・鼻・舌・皮膚・意識という六つの感覚器官のいずれとも関係がありません。

という文言は、永遠不滅の真理そのものとしての仏（理法の法身）について、述べられたものでもあるのです。

善無畏《ぜんむい》三蔵（六三七〜八三五）がお書きになった『大日経』の注釈書である『大日経疏《だいにちきょうしょ》』の巻第二には、こう説かれています。

修行者がこの境地に入れば、釈迦牟尼の浄土にほかならない現世（娑婆世界《しゃばせかい》）が永遠不滅であることを知ります。また、釈迦牟尼が涅槃に入ったというのは、精進をうながすた

めの方便であり、ほんとうは寿命が無限大であることを知ります。そして、釈迦牟尼が、指導的な立場にある上行《じょうぎょう》菩薩たちにひきいられて大地の裂け目から涌出する無数の菩薩たちと、『法華経』が説かれる霊鷲山《りょうじゅせん》で出会うすがたを目の当たりにするのです。

しかし、煩悩をすべて滅したものの、釈迦牟尼の寿命が無限大であることをまだ知らない者は、もう一度だけ生まれ変われば仏になれる境地に達している弥勒《みろく》菩薩であっても、大地の裂け目から涌出した無数の菩薩たちのなかに、顔見知りは一人もいません。ですから、このことを秘密というのです。

この道理を証明する仏を、常寂光土の毘盧遮那仏《びるしゃなぶつ》（大日如来）ともいいます。

隋《ずい》の時代に活躍した天台山国清寺《てんだいさんこくせいじ》の智顗《ちぎ》禅師（五三八～五九七）は、『法華経』の教えにもとづいて止観、すなわち心を静める「止」、ならびに止の状態をたもったまま対象をありのままに観察する「観」の修行にはげみました。その結果、常坐三昧《じょうざざんまい》・常行《じょうぎょう》三昧・半行半坐《はんぎょうはんざ》三昧・非行非坐《ひぎょうひざ》三昧の四種三昧を成就し、『法華経』と龍樹の『中論』と同『大智度論』を根拠にして、天台宗の教義をきずきあげたのでした。

この教えはおおむね以下のとおりです。

詩句に託すと、こうなります。

第六段階の心の世界と第七段階の心の世界の菩薩が得る悟りは虚妄の論議にすぎず、第八段階の心の世界の菩薩が得る悟りもまた真実ではありません。

この世の事物はおのずから生じたものでも何者かによってつくられたものでもなく、すがたかたちもないと知ると道は清らかで、この世の事物は有るのでもなく無いのでもなく、そのどちらでもないと説いています。

認識の主体と認識の対象という二元的な対立を滅し去って常寂光土に安住し、言葉による表現を断ち切って毘盧遮那仏の賓客となります。

身も心も滅し去って虚空に等しい存在となり、教化すべき人々の資質に応じて、さまざまなすがたで出現するのです。

質問します。以上のような唯一の真理の世界、唯一の道、真理のありかたをもって、究極の仏とみなせるのでしょうか。

その質問については、龍猛菩薩が『釈摩訶衍論《しゃくまかえんろん》』の巻第五において、以下のようにお説きになっています。

唯一の真理の世界における心は、いかなる否定をもってしても否定できず、いかなる肯定をもってしても肯定できません。否定と肯定の中間もありません。否定と肯定の中間もないので、理屈に合いません。理屈に合わないので、すらすらと論じようとしても論の歩みはとどこおり、よくよく考えようとしてもその手立ては見つからず、どうしてよいのかわからないまま、立ち尽くすばかりです。

このような心では、根源的な無知の領域の片隅から出られず、悟りの境地とはとても言えません。

第九　真理は眼前に顕現していると体得できた段階（極《ごく》無《む》自性《じしょう》心《しん》）

「極無自性心」の心は、二つの解釈が可能です。一つは顕略趣、つまり表層的で単純な解釈です。もう一つは秘密趣、つまり特別な者にしか明かされない深遠な解釈です。

表層的で単純な解釈というのは、以下のとおりです。

そもそも、大海はとても深く、宇宙の中心にそびえる須弥山《しゅみせん》はとても嶮しく高いのです。虚《こ》空《くう》はとても広大であり、芥子劫《けしこう》とか盤石劫《ばんじゃくこう》とよばれる時間はほとんど永遠です。そうはいっても、芥子劫とか盤石劫とよばれる時間も、いつかは尽き果てます。虚空の量を計測することも不可能ではありません。須弥山の高さは十六万由旬《ゆじゅん》（約百十万キロメートル）といわれ、大海の深さは八億由旬（約五十六億キロメートル）といわれています。

それらとは逆に、あまりに近くにあるのでかえって見えにくいのが、わたしたちの心です。微細の極にありながら虚空のように広大なのが、わたしたちの仏です。わたしたちの仏は、思考の限界を超えています。わたしたちの心は、広大をきわめています。

道教の教えを説く『荘子《そうし》』に登場する天文学や暦学の天才の巧暦ですら、『華厳経《けごんぎょう》』の「入法界品《にゅうほっかいぼん》」に登場する数学の達人の善智衆芸童子《ぜんちしゅげいどうじ》ですら、わたしたちの心や仏を見るにはどうしたらよいのかわからず、お手上げです。前漢の武帝の時代に編纂された思想書の『淮南子《えなんじ》』に、抜群の視力の持ち主で、百歩先の毛の先まで見えたと書かれている離朱《りしゅ》ですら、釈迦牟尼《しゃかむに》の十大弟子の一人で、抜群の透視能力をうたわれた阿那律《あなりつ》ですら、わたしたちの心や仏を見ようとしても、まるで目が見えない人のように、見ることはできません。

物や人に名前をつける達人だった夏の禹《う》王でさえも、わたしたちの心や仏に名前をつけることはできず、中国の神話に健脚の持ち主として登場する巨人の夸父《かほ》でさえも、わたしたちの心や仏に歩み寄ることはできません。声聞《しょうもん》や縁覚《えんがく》の認識をもってしても、わたしたちの心や仏を認識することはできず、菩薩《ぼさつ》の智恵をもってしても、わたしたちの心や仏を知ることはできません。

このように、神秘のなかの神秘、比類を絶するものこそ、わたしたちの心、すなわち仏なのです。

みずからの心を正しく認識できなければ、地獄・餓鬼《がき》・畜生《ちくしょう》・修羅《しゅら》・人《にん》・天という迷いの世界は波立ちつづけ、心の本源を悟れば、迷いの大海は澄みきってもはや波立ちません。澄み切って波立たなくなった水面に、ありとあらゆる映像が影を落とすように、わたしたちの心にほかならない仏は、この世の事物をあますところなく知るのです。しかし、人々はこの道理をわきまえていないので、迷いの世界に生まれ変わり死に変わりつづけるのです。

人々はあやまった考えに酔い痴れているので、自分の心を見極めることができません。そこで、真理に目覚めた存在である仏は、人々を慈しむゆえに、真理に帰る道をおしめしになりました。その真理に帰る道は、『法華経《ほけきょう》』の「化城喩品《けじょうゆほん》」では五百由旬、つまり三千五百キロメートルもつづく悪路にたとえられています。そして、その途上に休息所があると説かれていますが、その休息所にあたるのが、この第九段階の心の世界にほかなりません。

この休息所は、常住の場所ではありません。悪路を歩む者の条件にしたがって、どこへでも移動し、決まった場所に固定されていません。すなわち、これと決まった性質がないのです。それと同じように、この世の事物にはこれと決まった性質がないので、下劣なものをしりぞけ、尊貴なものをとることができるのです。

こんなわけで、迷いの心に真理が、あたかも香の薫りが衣服に染み付くように、染みついて、自身のなかに真理が宿っていると気付かせ、悟りへとみちびいていくことが、至上至高の教えとして、説かれているのです。また、『菩提心論』などに、一切の法は無自性であると観察する勝義の心が、秘中の秘として告知されているのです。

第八段階の心の世界に説かれる一道がまだ真実の悟りではないと、仏は指をはじいて音を出して驚覚させ、同じく第八段階の心の世界に説かれる無為《むい》が究極の教えではないと、仏は教えさとしています。そのおかげで、虚空に等しい広大無辺の心が初めて生まれ、この第九段階の心の世界で得られるはずの悟りの結果はかえって、さらなる悟りを求める原因となります。この原因も、この心も、第八段階の心の世界までに説かれた顕教《けんぎょう》から見れば、最高の悟りにほかなりません。しかし、最後に説かれる第十段階の心の世界から見れば、いまだ初心にすぎません。

この第九段階の心の世界が根拠とする『華厳経《けごんぎょう》』が「初発心時便成正覚《しょほっしんじべんじょうしょうがく》」、すなわち悟りを求める心を初めて起こすとき、すでに悟りが成就していると説いているのは、まさにそのとおりです。初心の仏がもつ徳は、不思議です。ありとあらゆる徳がはじめて現れ、第十段階の心の世界に説かれる究極の心も、少しばかりですが、すでに現れています。

この心を認識するとき、『華厳経』の「十地品《じゅうじぼん》」に説かれているとおり、わたしたちが今いる環境世界（器世間《きせけん》）とそこに住む生きとし生けるものすべて（衆生世間）と仏（智正覚世間《ちしょうがくせけん》）という三つの世界を構成する十種類の仏身（解境の十身《げきょうのじっしん》）が、じつは自分自身にほかならないことを知るのです。すなわち、生きとし生けるものすべてを身体とする衆生身、環境世界を身体とする国土身、衆生身と国土身がはたらく原因と条件である迷い（惑《わく》）と行為（業《ごう》）を身体とする業報身《ごうほうしん》、声聞を身体とする声聞身、縁覚を身体とする縁覚身、菩薩を身体とする菩薩身、如来を身体とする如来身、声聞と縁覚と菩薩と如来の智恵を身体とする智身、智身によって認識される理法を身体とする法身《ほっしん》、以上にあげた九種類の仏身が依拠する空そのものを身体とする虚空身が、ことごとく自分自身にほかならないことを知るのです。また、ありとあらゆる衆生、ものごと、国土、時間、仏、言葉、真理、真実の世界（法界）、虚空の世界、無数の世界、誓願、修行、静寂な悟りの世界の量に等しい仏身が、じつはわたしたちひとりひとりの心と、まったく同じものであることを知るのです。

盧舎那仏《るしゃなぶつ》は初めて悟りを開いてから十四日目に、普賢《ふげん》菩薩をはじめとする菩薩たちとこの旨をお話になりました。それが『華厳経』なのです。

ですから、計り知れない大きさの蓮華のなかに出現した世界（蓮華蔵世界《れんげぞう》）をまとめて家屋とし、真理の世界（法界《ほっかい》）全体を国土となさったのです。七箇所に説法の座をもうけ、つごう八回の集会をもよおして、『華厳経』をお説きになったのです。盧舎那仏は、波ひとつなく静まりかえった海面に、ありとあらゆるものがありのままに映し出されるように、煩悩や妄想を滅し去った心に、なにもかもがありのままに映し出されるので「海印《かいいん》」とよばれる瞑想に入って、真理の本性が完璧に融合しているさまを瞑想し、山のなかの王である須弥山のような偉大な宗教的資質の持ち主である菩薩に、心と仏が別々のものではないことを教えてくださいました。

『華厳経』によれば、九世、つまり過去の過去・過去の現在・過去の未来・現在の過去・現在の現在・現在の未来・未来の過去・未来の現在・未来の未来という膨大な時間を一瞬のなかにおさめ、一瞬のなかに無限の時間がおさめられています。一と多がかぎりなく融け合い、真理と現象が完璧に通じ合っています。それは、帝釈天《たいしゃくてん》の宮殿のうえにかけられている網（帝網《たいもう》）にたとえられます。この網は幾重にも重なり合う構造をもち、網の結び目には無数の宝珠がつけられていて、どの宝珠も他の宝珠を映し出し合います。その結果、一つの宝珠に、すべての宝珠のすがたかたちや色合いが見られるというわけですが、膨大な時間と一瞬の関係、一と多の関係は、それにそっくりなのです。

『華厳経』の「入法界品」で主人公の役割を演じる善財《ぜんざい》童子は、最初に文殊《もんじゅ》菩薩に師事して悟りを求める心を起こし、最後に普賢菩薩に帰依して悟りを得ました。善財童子は、『華厳経』の教えを見聞してその教えをきわめようという堅固な心をきずきあげる見聞《けんもんしょう》生、『華厳経』の教えを真に理解（信解《しんげ》）して修行を成就する解行《げぎょうしょう》生、ついに悟りを得る証入《しょうにゅうしょう》生の三生《さんしょう》を実践するために、百の都城に善知識《ぜんちしき》、すなわち立派な指導者を訪ね歩きました。そして、一つの修行を実践することですべての修行を実践し、一つの煩悩を断つことですべての煩悩を断ちました。

初めて悟りを求める心を起こした時点ですでに悟りを完成し、最も下位の菩薩が修行して得られる「十信《じゅっしん》」の境地、すなわち仏の教えを信じて疑わない信心《しんじん》、仏の教えを記憶する念心《ねんしん》、仏道修行に精進する精進心《しょうじんしん》、智恵を磨く慧心《えしん》、瞑想するときに静かで動揺しない心をたもつ定心《じょうしん》、戒律と瞑想と智恵の三学に努力して絶対に後退したり堕落したりしない不退心《ふたいしん》、仏法をまもる護法心《ごほうしん》、悟りを求めて全力で修行にはげむ廻向心《えこうしん》、戒律をちゃんと順守する戒心《かいしん》、もろもろの仏がおられる浄土に往生したいと願う願心《がんしん》、という「十信」の境地を成就した段階ですでに仏道を円満したといいますが、因と果は別々のものではありません。

菩薩が修行の進展にともなって到達する十信・十住・十行・十廻向・十地の「五位」をきわめた者は、『華厳経』が説く一乗の車を走らせ、現象と真理が別々のものではないゆえに、これもまたこの心の世界ですでに説明した「十身」、すなわち器世間と衆生世間と智正覚世間という三つの世界を構成する十種類の仏身が、ことごとく盧舎那仏に帰一するという真理に目覚めるのです。以上が、華厳三昧《けごんさんまい》とよばれる瞑想の大意にほかなりません。

ですから、『大日経』の「住心品《じゅうしんぼん》」において、大日如来が秘密主に、こう告げているのです。

それが空である（空性《くうしょう》）ということは、感覚器官（根《こん》）では把握できません。感覚器官によって認識される対象（境《きょう》）としても、把握できません。すがたかたちもなければ、感覚器官によって認識される領域もありません。役立たずのもろもろの論議を超えていて、虚空にそっくりです。現実の世界にも真理の世界にも属していません。いかなる活動からも影響を受けません。眼・耳・鼻・舌・皮膚・意識という六つの感覚器官のいずれとも関係がありません。そこに、極無自性心とよばれる心の世界が生まれるのです。

善無畏《ぜんむい》三蔵がお書きになった『大日経疏《だいにちきょうしょ》』の巻第三には、こう説かれています。

この極無自性心という言葉一つに、華厳の教えがすべて説き尽くされています。

なぜかというと、『華厳経』の大意を、経巻の最初から最後まで探求すると「真如法界不守《しんにょほっかいふしゅ》自性随縁《じしょうずいえん》」、つまり絶対真理の世界は、固定的な性質がなく、原因と条件によってのみ存在すると説かれているからです。

華厳宗の初祖、杜順《とじゅん》和上（五五七〜六四〇）は、この真理の教えにもとづいて、『華厳五教《けごんごきょう》止観《しかん》』と『華厳三昧法界観《けごんざんまいほっかいかん》』などの書物をしたためたと伝えられます。杜順和上の弟子で、華厳宗の第二祖となった智儼《ちごん》（六〇二〜六六八）は師の教えを受け継ぎました。智儼の弟子で、華厳宗の第三祖となった法蔵《ほうぞう》法師（六四三〜七一二）は、文字どおり華厳宗の大成者です。釈迦牟尼がその生涯においてお説きになった教えを、小乗教・大乗始教《しきょう》・大乗終教《じゅうきょう》・頓教《とんぎょう》・円《えん》教《ぎょう》の五つに分類したうえで、華厳経こそ最高の教えである円教にほかならないと説く『華厳《けごん》五教章《きょうしょう》』をはじめ、『華厳経旨帰《しき》』一巻や『華厳経文義綱目《もんぎこうもく》』一巻、そして『六十華厳（六十巻本の華厳経）』に注釈をほどこした『華厳経探玄記《たんげんき》』二十巻などを書きのこしました。以上が、華厳宗の教えを明らかにする代表的な書物です。

ここまで述べてきたことを、詩句に託します。

『釈摩訶衍論』巻第二によれば、大海を住処とし、出生風水の名をもつ龍王は、現象と真理は一つに融け合っていて分けられないという華厳の真理を体現しています。なぜなら、この龍王は、つねに頭からは水を吹き出し尾からは風を巻き起こして、真理そのものにたとえられる大海に、現象にたとえられる波が、けっして絶えないようにしているからです。そして、絶対真理の世界と生滅を繰り返す現象世界は、他に抜きんでて高くそびえる孤峰にも似た華厳宗の教えに融け合っていて分けられないのです。

輪多梨華《りんたりけ》（明耀珠）とよばれる宝珠でつくられた鏡に、森羅万象がくっきりと映し出されるように、わたしたちの心に、この世界を構成している要素（体大《たいだい》）も姿形（相大《そうだい》）も作用（用大《ゆうだい》）も映し出されています。そして、環境世界（器世間）とそこに住む生きとし生けるもの（衆生世間）と悟り（智正覚世間）にまつわる華厳宗の教えは、あまりに深遠で、きわめようとしてもきわめ尽くせません。

華厳宗が説く十玄縁起《じゅうげんえんぎ》は、縁起の真理を十の観点からくわしく解き明かしていますが、まさにそのように、すべての存在と現象は、たがいに主となり従となり、なんらの制約なく一つに融け合っていて分けられないのです。そして、仏法を成り立たせている小乗教・大乗始教・大乗終教・頓教・円教という五つの教えすべてが、華厳宗の説く海印三昧とよばれる瞑想に呑み込まれていく仏の説法が聞こえます。

全宇宙のありとあらゆるものが重重無礙《じゅうじゅうむげ》、すなわちたがいに隔てなく限りなく交じりあっているようすは、帝釈天の宮殿のうえにかけられている網（帝網）にたとえられます。そして、全宇宙のありとあらゆるものが、ひそかに、しかし確かに、融け合いながら生滅し転変しているようすは、帝網のいたるところにつけられた無数の宝珠に映し出される光にたとえられます。

『華厳経』が説く華厳三昧とよばれる瞑想は、仏道修行をすべて網羅するものにほかなりません。そして、すでに悟りの境地に到達している十種類の仏たちは、全宇宙のいたるところで活動しているのです。

しかし、この第九段階の心の世界の宮殿に入ったとしても、第十段階の心の世界に比べれば、まだ初歩の仏にすぎません。ですから、第十段階の心の世界にすすみ、『金剛頂《こんごうちょう》経《ぎょう》』が説く即身成仏《そくしんじょうぶつ》の秘法を、すなわちいま現に生きている時間内で、しかも生まれたままの身体で、悟りを得られる五相成身観《ごそうじょうしんかん》を、たずね求めなければなりません。

『大日経』の「住心品」には、こう説かれています。

現実の世界にも真理の世界にも属していません。いかなる活動からも影響を受けません。眼・耳・鼻・舌・皮膚・意識という六つの感覚器官のいずれとも関係がありません。そこに、極無自性心とよばれる心の世界が生まれるのです。

虚空のように、あらゆる制約から解き放たれた仏法はみな、ここからつぎつぎに生まれてくるのです。

秘密主よ。このように、極無自性心こそ、究極の悟りへといたる初心にほかならず、仏になるための因である、と仏はお説きになりました。極無自性心をもつ者は、業や煩悩から解き放たれていながら、なお業や煩悩をもちつづけているのです。

『金剛頂経』には、こう説かれています。

世に尊敬されるべき指導者であり、大毘盧遮那如来の大いなる菩提心にほかならない普賢大菩薩は一切如来たち、すなわち金剛界曼荼羅を構成する如来たちの心のなかにおられました。このとき、一切如来たちが仏の世界のいたるところに満ちておられるようすは、まるで胡麻をまき散らしたようでした。

あるとき、それらの如来たちは、あたかも雲のように集まりきたって、一切義成 就菩薩《いっさいぎじょうじゅ》が悟りの道場に坐っているところにお出ましになり、誰もがその存在や働きを受けいれられる身体（受用身《じゅゆうしん》）をあらわし、みな声をそろえて、つぎのようにお尋ねになりました。

「信仰あつき者よ。あなたはどのようにして最高の悟り（無上正等覚菩提《むじょうしょうとうがくぼだい》）を得ようとしているか。一切如来たちにしかもちえない真実を知らずに、どうしてもろもろの難行苦行に耐えようというのか」

一切如来たちからそう尋ねられて、一切義成就菩薩は身心すべてを滅し去った空の瞑想からよびさまされ、一切如来たちに敬礼してから、こう尋ねました。

「世に尊敬されるべきお方さま。どのように修行すべきか、真実とは何なのか、わたしにお教えください」

一切義成就菩薩がこう申し上げると、一切如来たちは異口同音に、一切義成就菩薩に、こう教えさとしたのでした。

「信仰あつき者よ。みずからの心をありのままに観察する瞑想に入って、みずからの心を完成にみちびく真言を、好きなだけ誦えなさい」

『守護国界主陀羅尼経《しゅごこっかいしゅだらにきょう》』の「陀羅尼功徳儀軌品《だらにくどくぎきほん》」には、こう説かれています。

そのとき、釈迦牟尼如来は、こうおっしゃいました。

「秘密主よ。わたしは膨大な時間をかけて、悟りに到達するために必要な修行を積んできました。そして、最後に釈迦族の一人として生まれ、出家した後に、六年間にわたり苦行を実践しましたが、このうえなく正しい悟りを得て、大毘盧遮那如来となることはできませんでした。

悟りを求めて道場に坐したときのことです。仏が教化のために仮のすがたをあらわした無数の化仏が、まるで胡麻の実のように、虚空に満ちあふれておられました。そして、それらの仏たちは声をそろえ、わたしに向かって、こうおっしゃいました。

「信仰あつき者よ。どのようにして悟りを成就しようとしているのか」

わたしは、こうお答えしました。

「わたしは凡人でございます。どのようにして悟りを成就したらよいのか、わかりません。お願いでございますから、慈悲のお心をもって、わたしにお教えください」

するとと、仏たちは、前と同じく、わたしに向かって、こうおっしゃいました。

「信仰あつき者よ。耳を澄ませて、よくお聞きなさい。あなたのために教えてあげましょう。いままさに、自分の鼻先に月輪《がちりん》を瞑想し、その月輪のなかに唵《おん》（オーム）という文字があると瞑想しなさい」

さっそく、わたしが教えられたとおりに瞑想したところ、その夜の明け方に、最高の悟りを得たのでした。

信仰あつき者よ。全宇宙におられるガンジス河の砂の数ほどの、過去・現在・未来の仏たちのなかに、月輪のなかに唵という文字を瞑想せずに悟りを得た例など、一つもありません。なぜなら、唵という文字には、ありとあらゆる真理が含まれているからです。

また、この唵という文字こそ、八万四千もあるという真理の教えにとって、その貴重な炬火であり鍵なのです。唵という文字こそ、毘盧遮那仏の真実の身体にほかなりません。唵という文字こそ、ありとあらゆる陀羅尼《だらに》の母なのです。

ですから、唵という文字から、すべての如来たちが生まれてきます。如来から、すべての菩薩たちが生まれてきます。菩薩から、すべての生きとし生けるものが生まれてきます。

そして、生きとし生けるものがもっている、ほんのわずかばかりの善根《ぜんごん》も、そこから生まれてくるのです。

龍猛《りゅうみょう》菩薩の『菩提心論』には、こう説かれています。

わたしたちを迷いへとさそう教えは、有りもしないものを有ると思い込む妄想から生まれます。その妄想がつぎつぎに伝染して、ついには数えきれぬほど多くの煩悩となり、地獄・餓鬼・畜生・阿修羅・人・天の六道に輪廻《りんね》転生《てんしょう》を繰り返す原因となるのです。しかし、もし、悟りを得るならば、妄想は排除され、わたしたちを迷いへとさそう教えは消滅します。ですから、迷いそのものにも、固定的な性質などないのです。

またつぎに、仏たちは慈悲ゆえに、真実の身体から目的にかなうすがたかたちに変身して、生きとし生けるものを救ってくださいます。病の種類に応じて薬をあたえ、さまざまな教えを駆使し、煩悩の種類を見極めて、それぞれに適した筏を用意し、悟りへの渡し場でどうしたら良いのかわからず迷っている者たちを救ってくださるのです。

しかし、筏に乗って、悟りの岸へたどり着いたならば、その筏は捨て去らなければなりません。なぜなら、筏はあくまで方便であって、筏そのものに救いの力はないからです。

妄想が消え去れば、心は原初の空寂にもどります。そうなれば、ありとあらゆる徳性がおのずからすべてそなわり、どんなすぐれた行為もおもいのままに実現できます。また、このような心をそなえた者は、ブッダの説かれた真理の教えを実践して、自分にも他人にもともに利益をあたえることができるのです。

さらに、『釈摩訶衍論』巻第三には、こう説かれています。

その本性からしてもとより清らかな悟りは、この移ろいゆく三種類の現象世界（三種世間）の内部にこそあり、けっして外部にはありません。その三種世間に薫習《くんじゅう》、つまり良い香りが染み込むように、仏の教えが最深部まで染み込んで、唯一絶対の悟りを実現させ、究極の仏の悟りを、たとえようもなく美しく飾ります。そこで、これを因薫習鏡、つまり悟りの原因としてはたらきかける鏡とよぶのです。

では、いったい何を、三種世間というのでしょうか。答えは、衆生世間と器世間と智正覚世間です。衆生世間とは、さまざまな生きとし生けるものたちの世界です。器世間とは、それら生きとし生けるものが居住する環境世界です。智正覚世間とは、仏菩薩のことです。これらを合わせて、三種というのです。

このなかにある鏡とは、輪多梨華鏡にほかなりません。輪多梨華とよばれる華を一箇所に安置し、この世にありとしあるものすべてを集めると、この華の香りが染み込んで、みな清らかになるのです。また、清らかなものはことごとく、この華のなかに出現します。清らかなものでありながら、この華のなかに出現しないものなど、まったくありません。さらにまた、この世にありとしあるものすべてのなかに、かの華が出現します。この世にありとしあるものでありながら、かの華が出現しないものなど、まったくありません。

因薫習鏡とは、そういうものなのです。

このように、この世にありとしあるものすべてに染み込んで、清らかな悟りを実現させ、すべての対象を、仏と平等な境地にみちびくのです。

質問します。このような一心の教えは、究極の心の世界なのでしょうか。

お答えします。龍猛菩薩の『釈摩訶衍論』巻第五には、こう説かれています。

三自一心の教え、すなわち本質（自体）・すがた（自相）・はたらき（自用）の三つをそなえた唯一絶対の心（一心）という教えは、一と言っていながら、じつは一ではありませんが、仮に一と言っているにすぎません。

心も、真の心とは言えませんが、仮に心と言っているにすぎません。

一心はほんとうは我《が》ではないにもかかわらず、仮に我と称しているにすぎません。また、ほんとうは自ととなえられないにもかかわらず、仮に自とあてはめているにすぎません。我と称していても、ほんとうの我ではありません。自と称していても、ほんとうの自ではありません。

このような教えはひじょうに奥深く遠大なものです。けれども、このような次元の境地は、いくらすぐれているように思えても、根源的な無知の領域にとどまったままで、悟りの境地とはとても言えません。

第十　ありとあらゆる真理をきわめた段階（秘密荘厳心《ひみつしょうごんしん》）

ここまで述べてきた九種類の心の世界は、自性がない、つまり固有の性質をもってはいないので、いくらでも変えられます。最終的には、最高に深遠で絶妙な第十段階の心の世界に発展していくのですから、みな第十段階の心の世界の起動因といえます。

真言密教は、真理そのものを身体とする法身仏である大日如来がお説きになったのであり、ダイアモンドにたとえられる永遠不壊なる秘密の世界は、至高至上の真理にほかなりません。

最高の真理にわたしたちをみちびいてくれる五段階の瞑想法（五相成身観《ごそうじょうしんかん》）も、五人の如来たちによっておのおのになわれている五つの智恵（五智）も、地・水・火・風・空・識の六大によって構成される真理のありよう（六大体大《ろくだいたいだい》）も、また大曼荼羅・三昧耶《さんまや》曼荼羅・法曼荼羅・羯磨《かつま》曼荼羅という四種類の曼荼羅（四曼《しまん》）も、四種類の曼荼羅にまつわる四種類の認識（四智印《しちいん》）も、みなこの第十段階の心の世界において説こうとおもいます。仏はこの世を構成する原子（微塵《みじん》）の数ほどもおられますが、その居所は、みなわたしの心のなかなのです。金剛部《こんごうぶ》や蓮華部《れんげぶ》などの菩薩たちは、大海をなす滴の数ほどもおられますが、その居所はみな、わたしの身体なのです。

阿字をはじめ、梵字の一つ一つは、天地の間にある森羅万象ことごとくを含んでいます。宝剣や金剛杵《こんごうしょ》をはじめ、あまたの密教法具は、神秘的な力を発揮します。

ありとあらゆる徳の本性は、わたしたちが生まれながらにもっている身体に、すべてそなわっています。したがって、いま現に生きているあいだに、悟りを開いて、仏になることができるのです。

『大日経』の「住心品《じゅうしんぼん》」には、こう説かれています。

また次に、秘密主よ。真言密教の教えにもとづいて、菩薩《ぼさつ》としてなすべき修行を実践するもろもろの菩薩は、コーティ（倶胝《くてい》）とかナユタ（那庾多《なゆた》）とよばれる天文学的な時間を、さらに百倍も千倍もした膨大な長さの時間にわたって、積みかさねてきた数限りない功徳や智恵、およびさまざまな修行を成就した結果、無量の智恵と具体的な実践活動を、ことごとく成就しています。

いま引用した文言に、注釈をくわえます。

これは、初めて真言密教の教えに入る菩薩の功徳を称讃したものです。

また、『大日経』の「具縁品《ぐえんぼん》」には、こう説かれています。

そのとき、大日如来は、ありとあらゆる如来たちが体現している無量無辺の福徳と智恵を、すみやかに集積する力とよばれる瞑想（一切如来一体速疾力三昧《いっさいにょらいいったいそくしつりきざんまい》）に入って、誰の助けも借りることなく、みずから悟った真理の世界の本体とよばれる瞑想（法界体性三昧《ほっかいたいしょうざんまい》）について、こうお説きになりました。

「わたしは、もろもろの存在が生じることもなく滅することもなく、常住不変であることを悟り、言葉による表現を超越して、もろもろの罪や過失から解き放たれました。原因と結果という関係を遠く離れ、空とよばれる最高真理は、虚空《こくう》に等しいと知って、ありのままの真実のすがたを対象とする智恵が生まれました。こうして、もはやありとあらゆる迷いを克服したのですから、わたしは最高真理に到達し、まったく汚れていません。」

いま引用した文言に、注釈をくわえます。

この詩句は、文言としては簡略ですが、内容は広大であり、表現はかろやかですが、意味は深遠です。直接会って、伝授しないかぎり、真意は説きがたいのです。

また、『大日経』の「字輪品」や「百字品」には、百の梵字からなる真言を対象とする瞑想法、あるいは十二ある梵字の母音からなる真言を対象とする瞑想法などが、説かれています。『金剛頂経《こんごうちょうぎょう》』には、金剛界曼荼羅《こんごうかいまんだら》の三十七尊、あるいは四種類の曼荼羅を対象とする瞑想法も、説かれています。すなわち、これらは、大日如来がお説きになった極秘の瞑想法にほかなりません。その文言はあまりに広大なので、くわしく説明することは不可能です。

また、龍猛《りゅうみょう》菩薩の『菩提心論』には、こう説かれています。

第三に、瞑想法について、説明しましょう。真言密教の修行者が、瞑想を終えたとき、どのようにすれば最高の悟りを成就できるのか、教えるので、よく覚えておきなさい。それには、普賢《ふげん》菩薩がお持ちになっている最高の悟りを求める心を、我が心とすれば、良いのです。

生きとし生けるものはすべて、生まれながらにして金剛薩埵《こんごうさった》なのですが、貪りと瞋《いか》りと愚かさという煩悩に呪縛されているために、通常の手段では救いは得られません。そこで、もろもろの仏たちは、大いなる慈悲の心にもとづいて、巧みな手段にまつわる智恵を駆使し、これらのじつに深遠なる瞑想法をお説きになったのです。すなわち、修行者の内なる心に、太陽（日輪《にちりん》）と満月（月輪《がちりん》）を瞑想しなさいとお説きになったのです。

この瞑想法を実践して、自分の心の本性を観察すると、心の本性が寂静でしかも清浄なことは、満月から放たれた光が、虚空全体を満たしているようすにそっくりで、何ら区別せずに照らしています。

したがって、心の本性は、ありとあらゆる知覚や思考を離れたもの（無覚了《むかくりょう》）ともよばれ、清浄きわまりない真理の世界（浄法界《じょうほっかい》）ともよばれ、あるがままの真実のすがたにまつわる智恵の海（実相般若波羅蜜海《じっそうはんにゃはらみっかい》）ともよばれます。ありとあらゆる種類の、たぐい稀な宝物にもたとえられる心の世界を網羅していて、それらは清らかに光り輝く満月のようです。

なぜ、以上のようなことが言えるのかというと、生きとし生けるものはすべて、普賢菩薩とまったく同じ心を持っているからなのです。

自分の心を観察すると、その形は満月にそっくりです。なぜ、満月にたとえられるのかというと、満月の、完璧な円形で、光り輝くようすが、菩提心にそっくりだからです。

月輪（満月）は全部で十六の部分から成り立っています。これは、『金剛頂瑜伽経《こんごうちょうゆがきょう》』に説かれている金剛薩埵から金剛拳《こんごうけん》菩薩までの十六大菩薩になぞらえるためにほかなりません。

金剛界曼荼羅の三十七尊のうち、中央と東西南北の五つの方位に位置を占める五人の如来たちは、おのおの一つずつ智恵をあらわしています。

東方の阿閦《あしゅく》仏は大円鏡智《だいえんきょうち》、すなわち鏡がすべての対象を正しく映し出すように、すべての対象を正しく映し出す働きをもつ智恵を成就するので、金剛智《こんごうち》ともよばれます。

南方の宝生《ほうしょう》仏は平等性智《びょうどうしょうち》、すなわちわたしたちのような凡人には千差万別にしか見えない森羅万象の、差違の底にある平等性や共通性を知る智恵を成就するので、灌頂智《かんじょうち》ともよばれます。

西方の阿弥陀《あみだ》仏は妙観察智《みょうかんざっち》、すなわち平等に見えるもの、共通に見えるものの、そのなかにある差違を正しく観察する智恵、もしくは全体のなかの部分を正しく観察する智恵を成就するので、蓮華智《れんげち》とも転法輪智《てんぼうりんち》ともよばれます。

北方の不空成就《ふくうじょうじゅ》仏は成所作智《じょうしょさち》、すなわちものごとを生成する智恵、いいかえれば人間の身体と経験を媒介としてはたらく実践的な智恵を成就するので、羯磨智《かつまち》ともよばれます。

中央の毘盧遮那《びるしゃな》仏（大日如来）は法界体性智《ほっかいたいしょうち》、すなわち絶対真理の世界（法界）の実在性（体性）そのものの智恵であり、普遍性と絶対性をもつ智恵であり、ありとあらゆる智恵を知る智恵を成就するので、根本智《こんぽんち》に位置づけられます。

毘盧遮那仏をのぞく四人の仏たちの智恵から、四人の波羅蜜《はらみつ》菩薩が生み出されます。四人の波羅蜜菩薩とは、金剛波羅蜜菩薩・宝波羅蜜菩薩・法波羅蜜菩薩・業《ごう》（羯磨）波羅蜜菩薩です。これら四人の女性の菩薩たちこそ、過去・現在・未来の三世に出現するありとあらゆる聖者や賢者を生みはぐくむ母にほかなりません。そして、これら四人の菩薩たちを生み出した四人の仏たちは毘盧遮那仏、すなわち法界体性智から流出したのです。

東西南北の如来たちには、おのおの菩薩が四人ずつ、配置されています。

東方の阿閦仏には、金剛薩埵・金剛王・金剛愛・金剛善哉《ぜんざい》の四人の菩薩が配置されています。

南方の宝生仏には、金剛宝・金剛光・金剛幢《どう》・金剛笑の四人の菩薩が配置されています。

西方の阿弥陀仏には、金剛法・金剛利・金剛因・金剛語の四人の菩薩が配置されています。

北方の不空成就仏には、金剛業・金剛護・金剛牙・金剛拳の四人の菩薩が配置されています。

こうして、東西南北の如来たちに四人ずつ配置された菩薩たちは、十六大菩薩とよばれます。そして、金剛界曼荼羅を構成する三十七尊のうち、東西南北の如来たちにおのおの配置された十六大菩薩だけを選び、満月を十六等分して、その一つ一つにあてます。いいかえると、五仏と四波羅蜜菩薩、および東西南北の門を守る役割をもつ四摂《ししょう》菩薩、毘盧遮那仏から四人の仏たちを供養する役割をあたえられた嬉《き》・鬘《まん》・歌《か》・舞《ぶ》の四人の内供養《ないくよう》菩薩、ならびに四人の仏たちから毘盧遮那仏を供養する役割をあたえられた香《こう》・華《け》・灯《とう》・塗《ず》の四人の外供養《げくよう》菩薩は、除外されます。ちなみに、これら八人の供養菩薩はみな女性の菩薩です。

また、『大般若波羅蜜多経《だいはんにゃはらみたきょう》』には、内空《ないくう》・外《げ》空・内外《ないげ》空・空空・大《だい》空・勝義《しょうぎ》空・有為《うい》空・無為《むい》空・畢竟《ひっきょう》空・無際《むさい》空・散《さん》空・本性《ほんしょう》空・自性《じしょう》空・一切法《いっさいほう》空・無性《むしょう》空・無性自性《むしょうじしょう》空という十六種類の空が説かれています。

生きとし生けるものは、誰であろうと、その心のなかに、一部分ながらも、清らかな性質をもっています。ありとあらゆる修行（衆行）をみな、あらかじめ準備しています。その本体は、きわめてすぐれたもので、純粋きわまりなく、清らかです。そして、六道にいくら輪廻転生しようとも、まったく変化しません。ですから、満月を十六等分したうちの一つにたとえられるのです。

およそ満月を十六等分したうちの一つの輝きは、月が太陽と同じ方向にあるときは、太陽の光を浴びて輝きを失い、見えなくなってしまいます。しかし、その後、月の初めから日ごとに、輝きを増していって、十五日には完璧な円形の満月となって、なにものにも妨げられなくなります。

したがって、瞑想修行を実践する者は、まず最初に阿字観《あじかん》を実践して、自分の心のなかの一部分を輝かせはじめ、それから少しずつ清らかにし、さらに輝きを増すようにつとめていって、煩悩やあやまった思考などの垢が二度と生じないという確信、すなわち無生智《むしょうち》を獲得するのです。

そもそも、阿字とは、この世の森羅万象はことごとく、生じたり滅したりしない（本不生《ほんぷしょう》）ことをあらわしています。

『大日経』の注釈書である『大日経疏《だいにちきょうしょ》』によれば、阿字にはあわせて五つの意味があります。

一つ目は阿字の短声、つまり「ア」で、悟りを求める心（菩提心《ぼだいしん》）を意味しています。

二つ目は阿字の引声、つまり「アー」で、悟りを求めてなすべき修行（菩提行《ぼだいぎょう》）を意味しています。

三つ目は阿字の暗字短声、つまり「アン」で、悟りの成就（証菩提《しょうぼだい》）を意味しています。

四つ目は阿字の悪字短声、つまり「アク」で、涅槃の境地（般涅槃《はつねはん》）を意味しています。

五つ目は阿字の悪字引声、つまり「アーンク」で、実践的な智恵の完備（具足方便智《ぐそくほうべんち》）を意味しています。

また、阿字を、『法華経』の「方便品《ほうべんぼん》」に説かれている開《かい》・示《じ》・悟《ご》・入《にゅう》という四つの文字にあてて解釈すれば、それは以下のとおりです。

開とは、仏の悟りの内容を開くという意味ですから、菩提心を開くということに通じて、阿字の一つ目の意味と同じです。

示とは、仏の悟りの内容を示すという意味ですから、阿字の二つ目の菩提行の意味と同じです。

悟とは、仏の悟りを自分もまた悟るという意味ですから、阿字の三つ目の意味、すなわち暗字短声と同じで、証菩提のことです。

入とは、仏の悟りに自分もまた入るという意味ですから、阿字の四つ目の意味、すなわち悪字短声と同じで、般涅槃のことです。

以上をまとめれば、具足成就を意味する阿字の五つ目の意味、すなわち悪字引声と同じで、実践的な智恵の完備（方便善巧智円満《ほうべんぜんぎょうちえんまん》）という意味になります。）

すなわち、阿字とは悟りを求める心を意味しています。『菩提心論』には、それをほめたたえる詩句が、こう書かれています。


八枚の花びらをもつ白い蓮の花のうえに、直径は肘から先の長さ（一肘量）の月輪《がちりん》（満月）があり、その月輪のなかに、白い光を放つ阿字が輝いています。

瞑想と智恵（禅智）を体得するために、両手の左右の指を、右指を上に、左指を下にするかたちで、根もとまで深く差し込んで合掌する印（金剛縛《こんごうばく》／外縛印《げばくいん》）をむすび、仏の寂静たる悟りの智恵を、自分自身の心のなかに招き入れます。


そもそも、阿字に出会う機会を得た者は、みな心して、阿字を瞑想すべきです。まさに、自分自身の心が、なにひとつとして欠けることなく、光り輝き、清らかな心であると瞑想しなさい。

もし、阿字を少しでも瞑想するならば、最高の真理を見ることになります。もし、阿字をつねに瞑想するならば、十段階が設定されている菩薩の境地のうち、初地《しょじ》に入ることになります。

もし、阿字をさらにさらに瞑想するならば、阿字の大きさは宇宙と同じ大きさとなり、阿字の量は無限大の虚空と等しくなります。こうして、阿字を自在に拡大したり縮小したりできるようになれば、ありとあらゆる智恵を体得できるにちがいありません。

瑜伽《ゆが》（ヨーガ）、つまり呼吸法などの身体技法を駆使する瞑想法を実践しようとする人は、まず三密《さんみつ》とよばれる修行を熱心に実践して、『金剛頂経』に説かれる五相成身観の意義をよく理解しておかなければなりません。

いわゆる三密とは、以下のとおりです。第一の身密《しんみつ》とは、手に定められた印をむすび、仏菩薩をお招きすることです。第二の語密《ごみつ》とは、低い声で真言をとなえ、その際に文句を正しく発音して、間違わないようにすることです。第三の意密《いみつ》とは、瑜伽に入って、自分の心にほかならない白く輝く月が、完璧な円形であり、それこそが菩提心であるという認識に到達できるように瞑想することです。

つぎに、五相成身観について、説明しましょう。第一段階は通達菩提心《つうだつぼだいしん》。第二段階は修《しゅ》菩提心《ぼだいしん》。第三段階は成金剛心《じょうこんごうしん》。第四段階は証金剛身《しょうこんごうしん》。第五段階は仏身円満《ぶっしんえんまん》で、最高の悟りを成就して、ダイアモンドのような永遠不壊の身体（金剛堅固身《こんごうけんごしん》）を獲得することです。

〔もう少し詳しく説明しましょう。

通達菩提心では、自分の心を観察しつつ、瞑想に入ります。「唵質多鉢囉底微騰迦嚕弭＝オーム　チッタ　プラティヴェードゥハム　カローミ（オーム　わたしは悟りを求める心をきわめる)」という真言をとなえ、瞑想を開始します。そして胸のなかに、自分の心はやや闇に包まれ、その内部に黒い色の阿字を映す満月(月輪)にほかならないと瞑想します。

修菩提心では、「唵冒地質多母怛波娜夜弭＝オーム　ボーディ　チッタム　ウトパーダヤーミ(オーム　わたしは悟りを求める心を発する)」という真言をとなえ、真実を知るための智恵を増大させます。そして、自分の心を、闇が払われ、金色の阿字を映す清浄な満月と瞑想します。

成金剛心では、「唵底瑟吒跋折羅＝オーム　ティシュタ　ヴァジュラ(オーム　汝(本尊)よ　立ち上がれ)」という真言をとなえます。さらに、「娑波羅跋折羅＝シュパラ　ヴァジュラ(広がれ　金剛)」および「唵僧喝囉跋折羅＝オーム　サングハラ　ヴァジュラ(オーム　縮まれ　金剛)」という真言をとなえ、菩提心をいっそう堅固なものにします。そして、自分の心にほかならない満月の内部の阿字が、大日如来の三昧耶形《さんまやぎょう》(象徴的な姿)に変容していく過程を如実に瞑想します。この場合の三昧耶形は五鈷金剛杵《ごここんごうしょ》です。

証金剛心では、「唵跋折囉哆麼倶含＝オーム　ヴァジュラートゥマ　コー　ハム(オーム　わたしは金剛(ダイアモンド)の身体をもつ)」という真言をとなえ、満月の内部にある五鈷金剛杵をさらにさらに堅固なものにします。そして、五鈷金剛杵を自分の身体のなかへ導き入れると瞑想します。すると、全宇宙に遍満するありとあらゆる如来たちから、不思議な力が発せられ、ありとあらゆる如来たちの金剛の身体が、修行者の身体に入り込み、修行者は金剛の身体をもつに至るのです。

仏身円満では、「唵也他薩嚩多他羯多薩怛他唅＝オーム　ヤーターー　サルヴァ　タターガタス　タターー　ハム（オーム　ありとあらゆる如来たち（一切如来）と同一の状態に、わたしは入っている）」という真言をとなえ、この修行を完成させます。修行者の身体のなかに導き入れられた三昧耶形は、本来の如来としての姿に変容すると同時に、修行者と如来は融合一致して、修行者自身が如来にほかならないことを悟るのです。」

しかも、これら五つの相を完璧にそなえるならば、その人はまさしく本尊の身体に成れるのです。その完璧なすがたは、普賢菩薩の身体そのものです。また、普賢菩薩の心そのものです。身も心も、全宇宙にあまねくおられるすべての仏たちと、まったく同じです。さらに、過去・現在・未来の三世にわたって修行を実践するとき、悟りに到達するのに必要な時間はさまざまですが、いったん悟りに到達してしまえば、そこには過去も未来も現在も、もはやありません。

凡人の心は、まだつぼみのままの蓮の花にそっくりです。仏の心は、満月にそっくりです。もし、五相成身観を成就するならば、全宇宙のありとあらゆる国土が、清らかとか汚いとかにかかわらず、心のなかに映し出されます。地獄・餓鬼《がき》・畜生《ちくしょう》・阿修羅《あしゅら》・人《にん》・天の六道に住まうものすべてが、心のなかに映し出されます。声聞《しょうもん》・縁覚《えんがく》・菩薩という三乗の修行の段階が、心のなかに映し出されます。過去・現在・未来における国土の生成と破滅が、心のなかに映し出されます。生きとし生けるものすべての行為が、いかにさまざまであるか、心のなかに映し出されます。菩薩たちの修行段階における実践のすがたが、心のなかに映し出されます。過去・現在・未来に出現する仏たちが、心のなかに映し出されます。こうして、自分自身が本尊の身体を成就し、普賢菩薩がお立てになった誓願をことごとく満たすのです。

ですから、『大日経』に、こう説かれているのです。

このような真実の心は、過去の仏たちがお説きになったところなのです。

質問します。さきほど、声聞と縁覚の二乗は、この世の事物が実在しているという妄想にとらわれているので、仏になれないと説かれていました。では、声聞と縁覚の二乗が実践する瞑想と、いま説かれている五相成身観のように、悟りを実現できる瞑想法とは、どこがどのように違うのでしょうか。

お答えします。声聞と縁覚の二乗の人は、この世の事物が実在しているという妄想にとらわれているので、この世の事物がほんとうは実在していないという空《くう》の理法を認識するのに、膨大な時間がかかります。仮に、空の理法を認識できたとしても、今度は執着する対象はなにひとつ実在していないのだから、もはやなすべきことはないとか、やっと得られた寂静たる境地にとどまっていれば良いと、あやまって思い込んだまま、膨大な時間が過ぎていってしまいます。それからようやく大乗仏教を求める心を起こし、顕教《けんぎょう》のまだ迷いだらけの心のままで、善行を積みかさねるのに、また膨大な時間がかかります。こんな状態ですから、声聞と縁覚の二乗は、依拠するにあたいしません。

それに対して、真言密教を実践する人は、自我が実在するとかこの世の事物が実在するという妄想をすでに破っているので、真実を正しく見られる智恵を獲得しています。しかし、いまだ根本無明を克服できていないために、如来のありとあらゆる智恵を網羅する智恵（一切智智）を成就することはまだできません。したがって、さらにすぐれた道を求めて、五相成身観の修行階梯を実践し、仏の位に到達するのです。

こうして、この五相成身観という瞑想法は、もろもろの仏たちの本性に到達し、もろもろの仏たちの真理そのものからできている身体を正しく認識し、絶対真理の世界（法界）の実在性（体性）そのものの智恵であり、普遍性と絶対性をもつ智恵であり、ありとあらゆる智恵を知る智恵（法界体性智）に目覚めて、大日如来の四つの身体を成就させるのです。すなわち、真理そのものからできている身体（自性身《じしょうしん》）、大日如来が救済活動をおこなうときに相手が受けいれやすい身体（受用身《じゅゆうしん》）、大日如来がいろいろな姿に変身してあらわれるときの身体（変化身《へんげしん》）、大日如来が相手の資質や能力にぴったり合わせてあらわれるときの身体（等流身《とうるしん》）を、すべて成就するのです。

真言密教の実践者で、いま述べたことをまだ成就していない人は、さらに心を込めて五相成身観にとりくまなければなりません。

ですから、『大日経』の「悉地出現品《しつじしゅつげんぼん》」に、

悟りの完成は、心から生じます。

と説かれているのです。

また、『金剛頂瑜伽大教王経《こんごうちょうゆがだいきょうおうぎょう》』の上巻に、おおむねこういう意味のことが説かれているのも、同じ理由です。

一切義成就菩薩《いっさいぎじょうじゅ》は初めて菩提樹の下にある金剛座に坐し、無上の道に目覚めたと

き、もろもろの仏たちから、ついにこの心の世界を授けられ、そのおかげで悟りを成就したのでした。

現時点で修行に励んでいる人でもおしなべて、絶対に成し遂げると覚悟を決め、教えのとおりに修行するならば、坐したままで深遠なる境地に到達し、本尊の身体を成就できるにちがいありません。

ですから、『大日経』「真言行学処品《しんごんぎょうがくしょほん》」の「供養次第法《くようしだいほう》」に、こう説かれているのです。

もしも、悟りを成就するのに必要な力が増大していかない場合は、真理の教えにもとづいて、菩提心を対象とする瞑想を実践しなさい。仏は、菩提心を対象とする瞑想のなかに、ありとあらゆる修行を網羅させ、たとえようもなく清らかな真理を満たしているとお説きになっています。

この菩提心は、ありとあらゆる如来たちの功徳にまつわる真理を内包しているゆえに、もし、五相成身観の瞑想を実践して悟りを実現するならば、その人は生きとし生けるものすべての指導者になれます。もし、菩提心の根源に到達するならば、そこに大日如来の浄土にほかならない秘密荘厳国土（密厳国土《みつごんこくど》）が出現します。このように、坐したままで、仏としてなすべき行為をすべて成し遂げられるのです。

『菩提心論』には、菩提心を讃歎する詩句が、こう書かれています。

もし、その人が仏の智恵を求めて　菩提心を体得するならば、
父母から生まれた身体のままで、すみやかに偉大な覚者の位を得られます。

質問します。すでに詩句の言葉は聞きましたので、その内容をお説きください。

お答えします。真言密教の教えは、言葉の一つ一つ、名称の一つ一つ、単語の意味の一つ一つ、文章の一つ一つに、おのおの数限りない意味をもっています。それらは、劫《こう》というほとんど無限大の時間をかけても、きわめがたいとされます。また、文字の一つ一つに、三つの意味があります。いわゆる声《しょう》と字と実相《じっそう》です。さらに、二つの意味があります。字相と字義です。文章の一つ一つに、浅略《せんりゃく》と深秘《じんぴ》があります。

したがって、うかつに説くことはできません。もしも、ありのままに説くならば、生まれつき資質に乏しい者は疑いをいだき、誹謗中傷しかねません。そうなれば、きっとかれらは悟りとは無縁の存在（一闡提《いっせんだい》）となり、死後は無間《むけん》地獄に堕ちるしかありません。

ですから、応身《おうじん》や化身のすがたで出現する仏たちは、秘して、口にせず、教えを伝える役割をになう菩薩たちも、真実をありのままのかたちではお説きにならない理由は、ここにあるのです。

ですから、『金剛頂経』に、おおむねこういう意味のことが説かれているのです。

この大日如来の瞑想にまつわる真理は、まだ灌頂を受けず、真言密教の修行者として正式に認定されていない者には、一字も説いてはなりません。本尊にかかわる詳細な実践規定（儀軌《ぎき》）や真言は、たとえ親しい修行仲間であっても、やすやすと説いてはなりません。もし、説けば、生きているあいだでは、若死にの原因となったり、災厄をまねく原因となり、死んだのちには、無間地獄に堕ちる原因になってしまいます。

つつしんで訓誡をうけたまわりました。絶対に違反いたしません。

重ねて、お願いいたします。第十秘密荘厳心の冒頭にしめされた詩句の意味を、わかりやすく説明してください。

「九種住心無自性　転深転妙皆是因（ここまで述べてきた九種類の心の世界は、自性がない、つまり固有の性質をもってはいないので、いくらでも変えられます。最終的には、最高に深遠で絶妙な第十段階の心の世界に発展していくのですから、みな第十段階の心の世界の起動因といえます。〕」という二つの句は、こういう意味です。

すなわち、第十段階の心の世界にいたりつくまでに説かれた九種類の心の世界は、どれもみな究極の悟りではないことをあらわしています。九種類というのは、異生羝羊心《いしょうていようしん》から極無自性心《ごくむじしょうしん》までの心の世界です。

そのうち、最初の心は、凡人が悪いことばかりして善いことは少しもしないことを指摘しています。

次の心は、人間界の教えです。さらに次の心は、天上界の教えです。この第三段階の心の世界は外道《げどう》の教えです。人間界より下の境涯に生まれ変わることを嫌い、天上界に生まれることを願って、解脱《げだつ》を求めるのですが、それは果たされず、ついに地獄に堕ちるしかありません。

以上、三つの心の世界は、仏教から見れば、いまだ世俗の心の世界にとどまっていて、世俗の心の世界から脱したとはとてもいえません。

第四の唯蘊無我心《ゆいうんむがしん》から後の心の世界は、聖なる悟りの名にあたいします。

世俗の心の世界から脱した境涯のうち、唯蘊無我心と抜業因種心《ばつごういんしゅしん》は、小乗仏教の教えです。他縁大乗心《たえんだいじょうしん》から後の心の世界は、大乗仏教の心の世界です。

同じ大乗仏教といっても、前半の二つの心の世界は、菩薩の教えです。後半の二つの教えは、仏の教えです。

以上に述べてきた心の世界の教えは、それぞれがみな、仏の教えであると主張していますが、後に位置する教えに出会えば、むなしく意味のない教えになってしまいます。ですから、前に位置する心の世界に安住しているわけにはいきません。そこで、「無自性（固有の性質をもたない）」というのです。後に位置する心の世界もみな、悟りではありません。そこで、「皆是因（みな第十段階の心の世界の起動因）」というのです。前から後へと、つぎつぎに心の世界をきわめていくにつれ、心の世界はどんどん深遠で絶妙になっていきます。そこで、「深妙（深遠で絶妙）」というのです。

「真言密教法身説（真言密教は、真理そのものを身体とする法身仏である大日如来がお説きになった）」という一句は、真言密教の教主をあきらかにしています。

極無自性心をのぞき、第二から第八までの他の七つの教えは、みな真理そのものを身体とする法身仏が、生きとし生けるものを救うために、かれらが受けいれやすいすがたかたちに、仮に変身して、お説きになった教えにほかなりません。

真言密教の『大日経』と『金剛頂経』の両部に秘蔵されている教えは、法身仏である大日如来が、その配下である真理そのものを身体とする自性法身・説法の対象が受けいれられる身体をもつ受用身・具体的な生身の身体をもってこの世に現れる変化身・相手の資質や能力にぴったり合わせてあらわれるときの身体をもつ等流身をしたがえ、ダイアモンドのごとき永遠不壊の真理の宮殿および真言の宮殿において、みずから真理の楽しみを享受するために、お説きになったものなのです。

この点は、不空《ふくう》三蔵の『金剛頂経瑜伽十八会指帰《こんごうちょうきょうゆがじゅうはちえしいき》』などに、論拠となる文章がはっきりしめされているので、いまここでは証明するための文章を引用しません。

「秘密金剛最勝真（ダイアモンドにたとえられる永遠不壊なる秘密の世界は、至高至上の真理）」という一句は、真言密教の教えが、他のいかなる教えよりもすぐれ、究極の真実であることをしめしています。

第II部

解説

一　書かれた目的と時期

天長六本宗書

『秘蔵宝鑰』全三巻は、天長七年（八三〇）に、淳和《じゅんな》（七八六〜八四〇）天皇が各宗派にたいし、それぞれの教義をまとめて提出するように、勅命をくだしたとき、『秘密曼荼羅十住心論《ひみつまんだらじゅうじゅうしんろん》』全十巻とともに献上されました。

このとき提出された教義書の宗派と著者名と書名は、以下のとおりです。天長年間に、六つの宗派から提出されたので、「天長六本宗書《てんちょうろくほんしゅうしょ》」とよばれてきました。

三論宗《さんろんしゅう》　玄叡《げんえい》『大乗三論大義抄《だいじょうさんろんだいぎしょう》』全四巻
法相宗《ほっそうしゅう》　護命《ごみょう》『大乗法相研神章《だいじょうほっそうけんじんしょう》』全五巻

華厳宗《けごんしゅう》　普機《ふき》　『華厳一乗開心論《けごんいちじょうかいしんろん》』全六巻
律宗《りっしゅう》　豊安《ぶあん》　『戒律伝来宗旨問答《かいりつでんらいしゅうしもんどう》』全三巻
天台宗《てんだいしゅう》　義真《ぎしん》　『天台法華宗義集《てんだいほっけしゅうぎしゅう》』全一巻
真言宗《しんごんしゅう》　空海《くうかい》　『秘密曼荼羅十住心論』全十巻・『秘蔵宝鑰』全三巻

まず目立つのは、ほかの宗派の著者がそれぞれ一つだけ提出しているのにたいし、空海（七七四～八三五）だけが『秘密曼荼羅十住心論』と『秘蔵宝鑰』の二つを提出していることです。空海を開祖とする真言宗では、伝統的に、『秘密曼荼羅十住心論』を「広本」、『秘蔵宝鑰』を「略本」とよび、後者は前者の、いわばダイジェスト版にあたるとみなしてきました。しかし、これから見ていくとおり、『秘蔵宝鑰』が『秘密曼荼羅十住心論』のただたんなるダイジェスト版とはとてもいえません。むしろ、『秘蔵宝鑰』が「正本」で、『秘密曼荼羅十住心論』がその資料集という見方さえできるかもしれません。

どちらが先か

『秘蔵宝鑰』と『秘密曼荼羅十住心論』が、淳和天皇の勅命にこたえて提出されたことは、『秘蔵宝鑰』の序文に付された偈《げ》（詩句）に、「我、今、詔を蒙って十住を撰す（いま、わたしは（淳和天皇）陛下のご命令をうけて、十種類の心の世界を主題とする書物をしたためました）」とありますから、確かです。

このように、『秘蔵宝鑰』と『秘密曼荼羅十住心論』が同時に提出されました。では、どちらが先に書かれたのかというと、『秘密曼荼羅十住心論』です。この点は、『秘蔵宝鑰』に三回にわたって、「具《つぶさ》には『十住心論』に説くが如し（くわしいことは『秘密曼荼羅十住心論』に書いたとおりです）」と、『秘密曼荼羅十住心論』を読むように指示していることから、あきらかです。

『秘密曼荼羅十住心論』は、全十巻から構成される大部な書物ですから、空海がいくら天才といっても、完成に至るまでにはかなりの歳月が必要だったはずです。なにしろ、引用されている文献は、全部で約六百種もあります。

最近の研究によれば、弘仁十二年（八二一）ころから書きはじめられた可能性があるといいます。そして、天長四年（八二七）から同六年（八二九）にかけての時期に、全体の理論的な枠組みがきずきあげられ、実際に執筆されたうえ、天長七年に提出という経過をたどったようです（藤井淳『空海の思想的展開の研究』）。

したがって、『秘蔵宝鑰』は『秘密曼荼羅十住心論』が完成にいたった直後から、書きはじめられたと推測されます。このとき、空海は五十七歳でした。

空海の著作の多くは、書かれた年代がよくわかっていません。執筆年代がある程度まで推測できる『秘密曼荼羅十住心論』と『秘蔵宝鑰』は、その点でむしろ例外に入ります。いずれにしても、『秘蔵宝鑰』を書きあげて以降、空海の執筆活動はほぼ終息に向かっていったようです。この事実から見ても、『秘蔵宝鑰』をもって、空海の集大成とみなして良いはずです。

二　全体の構成

教相判釈

『秘蔵宝鑰』全三巻は、冒頭の序をうけて、第一段階から第十段階までの「心の世界」についての簡略な説明があり、さらにそのあとに各段階の「心の世界」を語るという構成になっています。

『秘蔵宝鑰』は、先立って書かれた『秘密曼荼羅十住心論』とともに、各段階の「心の世界」（住心）を、インドで誕生したさまざまな宗教や仏教の各宗派と対応させています。

この「住心」という言葉も、すべてではありませんが「異生羝羊心」「唯蘊無我心」といった各段階の名称も、『大日経』の「住心品」という章に由来しています。「住心品」は真言行者の修行の階梯を述べた章で、空海が十住心の大系を立てる上で「住心品」によったところはひじょうに大きいといえます。

第一　性欲と食欲のみに支配された最悪の段階（異生羝羊心）　一向行悪行
第二　愚かな心にわずかながら善の心が芽生えた段階（愚童持斎心）　人乗
第三　神をあがめて一時的な安心を得た段階（嬰童無畏心）　天乗
第四　自我は実在していないと見抜いた段階（唯蘊無我心）　声聞乗
第五　因縁を理解し根源的な無知をとりのぞいた段階（抜業因種心）　縁覚乗
第六　実在するのは自分の心だけと見抜いた段階（他縁大乗心）　法相宗
第七　空を理解して二元論的な対立を超越した段階（覚心不生心）　三論宗
第八　心の本性をきわめた段階（一道無為心）　天台宗
第九　真理は眼前に顕現していると体得できた段階（極無自性心）　華厳宗
第十　ありとあらゆる真理をきわめた段階（秘密荘厳心）　真言宗

このうち、第一段階から第三段階までの「心の世界」は、いまだ仏教の正しい教えにふれることのない世間的な思想に、以下の七段階の「心の世界」が出世間的な思想、つまり仏教に包括される種々の宗教思想に、おのおの該当します。

同じ仏教でも、第四段階と第五段階の「心の世界」はいわゆる小乗仏教に、第六段階から後の「心の世界」は大乗仏教になります。第六段階から後に対応する宗派は、『秘蔵宝鑰』が書かれた当時、日本にあった宗派です。厳密にいえば、いずれもインドではなく、中国で生まれ、やがて日本に導入されたいきさつがあります。

このように、自分の立場とは異なる教えを、特定の方針に沿って整理したうえで、順位をつけて記述することを教相判釈《きょうそうはんじゃく》、略して教判といいます。教相判釈は自分の立場がいかにすぐれているかを主張することが目的ですから、自分以外の立場はすべて下位に位置づけられます。したがって、空海の場合は、真言密教（真言宗）が最上位にきます。

教相判釈の書物を空海は、三つのこしています。『弁顕密二教論《べんけんみつにきょうろん》』と『秘密曼荼羅十住心論』と『秘蔵宝鑰』です。このうち、『秘密曼荼羅十住心論』と『秘蔵宝鑰』は、その論法において共通しています。

『弁顕密二教論』と『秘蔵宝鑰』とでは、論法に大きな違いがあります。『弁顕密二教論』は、顕教《けんぎょう》と密教を、仏身・教説・成仏など、いくつか設定した論点から、比較検討しています。論点が横並びにされ、いわば比較思想論的な展開になっているので、伝統的な用語では「横《おう》の教判」とよばれてきました。

『秘蔵宝鑰』は、浅い教えから深い教えへと進んでいく過程を追って、真言密教がいかにすぐれ、究極の教えであるか、論証しています。この論法は、下位から上位へと縦方向に上昇していくので、伝統的な用語では「竪《しゅ》の教判」とよばれてきました。

『秘密曼荼羅十住心論』については、「竪の教判」に見えて、実際には「横の教判」という説があります。この点で、『秘蔵宝鑰』と『秘密曼荼羅十住心論』は、じつは似て非なるものだというのです（宮坂宥勝「秘密曼荼羅十住心論」解説『弘法大師空海全集』）。

そして、この違いは、真言教学では、『秘密曼荼羅十住心論』が「九顕十密」を、『秘蔵宝鑰』が「九顕一密」を、おのおの提示しているという話になります。

「九顕十密」とは、「第一　性欲と食欲のみに支配された最悪の段階」（異生羝羊心）から「第九　真理は眼前に顕現していると体得できた段階」（極無自性心）までの、仏教以前あるいは顕教の段階にも、ほんとうは密教の心の段階にほかならない秘密荘厳心《ひみつしょうごんしん》は宿っているとみなす考え方です。つまり、密教の段階と密教以前の段階が連続していることになります。あるいは、密教の段階は密教以前の段階をそのうちに含み、かつ超えているということになります。

「九顕一密」は、密教の「第十　ありとあらゆる真理をきわめた段階」（秘密荘厳心）とそれ以前の段階とでは、まったく次元が異なっているとみなす考え方です。つまり、密教の段階と密教以前の段階は連続していません。

もし仮に、『秘蔵宝鑰』と『秘密曼荼羅十住心論』は、じつは似て非なるものだというのであれば、空海の意図は何だったのか。これはなかなか難問です。

では、抽象的な話はここまでとして、『秘蔵宝鑰』に書かれている内容を、もう少し詳しく見ていきましょう。

第一段階の「心の世界」

この段階にあたるのは「一向行悪行《いっこうぎょうあくぎょう》」です。本能だけで生きていて、知性とはまったく縁がなく、善悪の区別もつかない段階ですから、宗教以前の段階といえます。

『秘密曼荼羅十住心論』では、第一段階の「心の世界」を論じる最後のところで、『大日経』「住心品」を引用しつつ、バラモン教をはじめ、外道《げどう》つまり仏教以外の教えを三十種類も列挙しています。同じく『秘蔵宝鑰』でも、ミーマーンサー学派の教えがあげられています。ただし、ここでは『大日経』「住心品」からの引用にとどまります。外道を問答の形式で本格的に論じるのは、第三段階になってからです。

バラモン教は長い伝統と確固たる教義をもっていましたから、宗教以前とはとてもいえません。しかし、仏教から見れば、下劣な教えと判断され、最低ランクに置かれてしまったようです。

第二段階の「心の世界」

この段階にあたるのは「人乗《にんじょう》」です。「人乗」というくらいですから、人間として生きていくうえでの倫理や道徳が述べられています。注目すべきは、仏教への帰依にくわえ、儒教にもとづく道徳が説かれている点です。ただし、それらはあくまで世俗の領域で、より良く生きていくための規範にとどまり、生老病死《しょうろうびょうし》という人生の根本問題を解決するために、みずから悟りを求めて仏教を信仰するという次元にはいたっていません。

第三段階の「心の世界」

この段階にあたるのは「天乗」です。ここでいう「天」とは、神々のことであり、神々が住むという天界（天上界）のことでもあります。世俗の倫理や道徳を超え、ようやく宗教に目覚める段階です。

『秘密曼荼羅十住心論』では十六種類の外道、すなわちサーンキヤ学派・ヴァイシェーシカ学派などのヒンドゥー教の宗教哲学はもとより、シヴァ神を崇めるパーシュパタ派（獣主派）、あるいはジャイナ教などが列挙されます。『秘蔵宝鑰』では、バラモン教に焦点を当てて、問答の形式で、その内容がかなり詳しく検討されています。

そして、バラモン教が瞑想を重視し、天界に生まれ変わることを願うことを指摘しています。

また、永遠不滅の自我や絶対神の存在を前提にしている点が、きびしく批判されています。

第四段階の「心の世界」

この段階にあたるのは「声聞乗《しょうもん》」です。ここからいよいよ仏教の段階に入ります。「声聞」とは「ブッダの教えを聞いて悟る者」を意味します。永遠不滅の自我や絶対神の存在を否定し、自分をふくむ森羅万象は五蘊《ごうん》、つまり色《しき》・受《じゅ》・想《そう》・行《ぎょう》・識《しき》だけが仮に組み合わされて、一時的に存立しているにすぎないと認識するのです。ヒンドゥー教やジャイナ教のような外道の教えに比べれば、真理にはるかに近づいたとはいえ、仏教としてはまだまだ未熟な段階です。

第四段階において特筆すべきは、末尾に付されるかたちで、儒教を信奉する憂国公子《ゆうこく》と仏教を信仰する玄関《げんかん》法師による「十四問答」が書かれていることです。その量は『秘蔵宝鑰』全体の二割以上にもおよび、『秘密曼荼羅十住心論』にない特徴となっています。この「十四問答」については、第三節で論じていますので、お読みいただきたいと思います。

第五段階の「心の世界」

この段階にあたるのは「縁覚乗《えんがく》」です。「縁覚」とは「独力で修行して悟る者」を意味し、独覚ともよばれます。「声聞」とのちがいは、「声聞」が無明《むみょう》（根源的な無知）という現象を除去するだけにとどまるのに対し、「縁覚」は無明の根本を断つことができる点にあります。ただし、「縁覚」も「声聞」も永遠不滅の自我や絶対神の存在を否定する点はすぐれていますが、五蘊そのものは実在するとみなす点は真理とは縁遠いとして、きびしく批判されます。また、自分の修行に明け暮れるだけで、ほかの人々を救おうという慈悲の心が欠けている点も、きびしく批判されます。

ちなみに、空海が弘仁十三年（八二二）に、平城《へいぜい》太上天皇（七七四〜八二四）に、密教の入門儀礼にあたる灌頂《かんじょう》をさずけたとき書いたと伝えられる『太上天皇灌頂文《だじょうてんのうかんじょうもん》（平城天皇灌頂文）』では、第四段階と第五段階に、南都六宗の律宗・倶舎《くしゃ》宗・成実宗《じょうじつ》があてられています。律宗は初期仏教以来の戒律を、倶舎宗は初期仏教の伝統を受け継ぐ説一切有部《せついっさいうぶ》と経量部《きょうりょうぶ》の教義を網羅した『倶舎論』を、成実宗は主に経量部の教えを説く『成実論』を、それぞれ研究対象とする宗派でしたので、小乗仏教にあたる第四段階と第五段階に配当したのでしょう。

第六段階の「心の世界」

この段階にあたるのは「法相宗《ほっそう》」です。ここから大乗仏教の宗派が登場します。「法相宗」という宗派は、中観《ちゅうがん》派と論争をくりひろげた唯識《ゆいしき》派の教えを根本教義としています。したがって、第六段階では唯識派の教えが論じられています。

唯識派では、外界の存在はすべて否定されるかわり、「識（心）」の存在だけは容認されます。インドではこの点がブッダの教えに沿わないと、中観派からきびしく批判された歴史がありました。

空海が『秘蔵宝鑰』や『秘密曼荼羅十住心論』を書いていたころ、いわゆる南都六宗のなかでは、元興寺《がんごうじ》や薬師寺、そして興福寺を拠点とする「法相宗」が最大の勢力でしたので、空海はけっこう気をつかっている感もあります。

さらに、「法相宗」には徳一《とくいつ》という傑出した人物がいました。徳一は最澄《さいちょう》（七六六／七六七～八二二）とも空海とも論争を展開しています。すべての人が成仏できるか否か、をめぐって展開された最澄との論争が激しかったことはよく知られていますが、空海に対する徳一の批判もなかなかきびしく、じつは空海にとって最大の論敵だった可能性すらあります。

天長六本宗書の一つ『大乗法相研神章』を著した護命（七五〇～八三四）も元興寺にあって、日本における法相教学を大成しました。空海とは親しかったのに対し、最澄とはそりがあわなかったらしく、最澄による天台戒壇独立運動に反対しています。

『大乗法相研神章』は護命の最晩年、なんと八十歳のときの著作です。内容的にも理路整然としていて、古来、名著と評価されてきました。この著作では、華厳宗・律宗・三論宗・法相宗・天台宗・成実宗・倶舎宗という順序で、各宗派が論じられています。この順序は『秘密曼茶羅十住心論』や『秘蔵宝鑰』とはちょうど逆になります。また、日本を理想的な仏教国家として称讃し、中国から伝えられた護国仏教を、日本の実情に沿って相対化する姿勢も見せています。天台宗に対してはきわめてきびしい態度をとり、阿頼耶識《あらやしき》（第八識）こそ根源的な意識であるという見解の法相宗の立場から、天台宗が阿頼耶識のさらに深部に、第九識として立てた阿摩羅識《あまらしき》を、仏教の異端として、糾弾しています。

第七段階の「心の世界」

この段階にあたるのは「三論宗《さんろんしゅう》」です。「三論宗」は、その名のしめすように、インド大乗仏教の中観派の祖として名高い龍樹《りゅうじゅ》（ナーガルージュナ、一五〇ころ〜二五〇ころ）の『中論《ちゅうろん》』および『十二門論《じゅうにもんろん》』、その弟子の提婆《だいば》（アーリヤデーヴァ、一七〇ころ〜二七〇ころ）の『百論《ひゃくろん》』という、三つの論書を根本聖典としていました。「三論宗」はインドの中観派が原点ですから、「空《くう》」を強調します。すなわち、この世には、自分自身をふくめ、なにひとつとして実在するものはないと主張します。

すでに述べたとおり、中観派は唯識派と論争をくりひろげ、八世紀になると、両者を統合する動きも生まれました。中観派と唯識派のどちらが優位だったかというと、インド大乗仏教でもその正統な後継者を自認するチベット仏教でも、中観派を唯識派の上位に位置づけるのが一般的でした。その点からすると、空海が、唯識派の流れをくむ法相宗を第六段階に、中観派の流れをくむ三論宗を第七段階に置いたのは、的確な判断だったと思います。

天長六本宗書の一つ『大乗三論大義抄』を書いた玄叡（?〜八四〇）も、大安寺《だいあんじ》の安澄《あんちょう》（七六三〜八一四）に三論教学を学び、その後は西大寺《さいだいじ》に住して、中観派の立場から、唯識派にくみする法相宗と論争を展開しました。『大乗三論大義抄』では、このころ各宗派のあいだで熾烈な論争が展開された種性《しゅしょう》問題、つまり人々が成仏できるのか否か、生まれつき成仏の可能性がない人々がいるのかいないのか、という問題などが論じられています。この課題について、玄叡は、『涅槃経《ねはんぎょう》』や『中論』の記述にもとづき、万人成仏を強調しています。

第八段階の「心の世界」

この段階にあたるのは「天台宗《てんだいしゅう》」です。「天台宗」は『法華経《ほけきょう》』を根本聖典とする宗派で、中国の隋《ずい》の時代に天台智顗《ちぎ》（五三八〜五九七）によって成立しました。『法華経』は東アジア社会、わけても日本では絶大な支持を受けて、こんにちにいたっています。現代の日本では、伝統仏教界と新興宗教界をあわせたとき、法華経信仰が最大の勢力であることは疑いありません。

ただし、インドでは法華経信仰はあまり盛んではなかったようです。また、チベットでも滅罪のために読誦されるのがせいぜいです。その意味では、すこぶる日本的な仏教信仰のかたちといえます。

空海の場合、ライバルといわれる最澄が熱烈な法華経信仰者だったことから、『法華経』に対してはあまり関心を寄せなかったと考えられがちです。しかし、事実はちがいます。空海もまた、『法華経』にはなみなみならぬ関心を寄せていました。その証拠に、空海は『法華経』の解釈に関する著作を複数のこしています。もちろん、空海が得意とした密教的な解釈です。

なお、平安時代、典型的な顕教経典にもかかわらず、『法華経』は密教経典とみなされ、法花経法という密教修法が盛んに実践されていました。

空海が『秘蔵宝鑰』を著した当時は、天台宗は最澄から直弟子の義真（七八一〜八三三）の代にかわっていて、彼が天長六本宗書の一つ『天台法華宗義集』を著して提出しています。義真は最澄の直弟子で、中国語に堪能だったため、最澄が唐に留学した折には、通訳として同行しています。そして、初代の天台座主にも就任しています。

『天台法華宗義集』は天台宗の入門書としては、教義を簡明かつ網羅的に記述していて、とてもすぐれているという評価があります。ただし、やや難解なうえに、全一巻という分量は、他宗が提出したものと比べると、いかんせん少なすぎるかもしれません。また、義真の死後、その法系がふるわなかったために、ほとんどかえりみられてこなかったという指摘もあります。

第九段階の「心の世界」

この段階にあたるのは「華厳宗《けごんしゅう》」です。「華厳宗」が根本聖典とする『華厳経』は中央アジアで成立し、中国に伝えられて多くの信仰者を得ました。日本でも東大寺の大仏が、『華厳経』の教主たる盧舎那《るしゃな》如来であることは、ご存じのとおりです。

また、よく指摘されるように、『華厳経』は、真言宗が『金剛頂経《こんごうちょうぎょう》』とともに二大聖典としてあがめてきた『大日経』と近い関係にあります。乱暴な表現をゆるしていただくなら、『華厳経』の教主たる盧舎那如来をもっとずっと活動的に変身させると、いいかえると密教化すると、『大日経』の教主たる大日如来になるのです。つまり、「華厳宗」の教えは顕教の究極であり、顕教から密教への橋渡しとして、これほど適した教えはほかに求めがたいといえます。

第十段階の「心の世界」

この段階にあてられるのは「真言宗」です。すなわち、空海自身の宗派であり、究極の教えにほかなりません。もっとも、説かれている真言宗の教えは、正直言って、とても難解です。わたしとしては、可能なかぎり、わかりやすく現代語訳したつもりなので、あとはご自分で読み解いていただきたいと思います。

この第十段階では、いちばん最後のあたりで、十段階の「心の世界」を総括しています。これは非常に重要なので、ここでもう一度ふれておきます。

第一段階は凡人が悪いことばかりして善いことは少しもしない段階です。第二段階は人間界の教え。第三段階は天上界の教え。これは外道の教えです。人間界より下の境涯に生まれ変わることを嫌い、天上界に生まれることを願って、解脱を求めるのですが、それは果たされず、ついに地獄に堕ちるしかないとも説かれています。

以上、三つの心の世界は、仏教から見れば、いまだ世俗の心の世界にとどまっていて、世俗の心の世界から脱したとはいえないとも説かれています。

第四段階から後は聖なる悟りの名にあたいします。世俗の心の世界から脱した境涯のうち、第五段階と第六段階は小乗仏教の教えです。第六段階から後は大乗仏教です。

そして、同じ大乗仏教といっても、第七段階と第八段階は菩薩の教えであり、第九段階と第十段階だけが仏の教えなのです。

『大日経』と『金剛頂経』の使い分け

真言宗が『大日経』と『金剛頂経』を二大聖典としてあがめてきたことは、さきほども述べました。この『秘蔵宝鑰』では、この二つの聖典が使い分けられています。

『大日経』は早くも第一段階の「心の世界」から引用されています。そして、各段階の批判に、たびたび引用されています。

ところが、『金剛頂経』は第九段階の「心の世界」を論じるところで、初めて登場します。いわば、真打ち登場という感じです。

そして、第十段階の「心の世界」では、『金剛頂経』に説かれる金剛界曼荼羅の重要性が説かれ、五相成身観《ごそうじょうしんかん》という瞑想法の意義をよくよく理解しなければならないとも説かれています。このように、空海が『大日経』と『金剛頂経』を使い分けたのは、どういう理由によるのでしょうか。

密教経典の歴史的な形成過程からすると、『大日経』は密教経典とはいえ、大乗仏教経典としての性格をまだのこしています。それに対し、『金剛頂経』はもはや完全な密教経典です。空海が『大日経』と『金剛頂経』を「両部《りょうぶ》」とみなしていたことは、よく知られています。と同時に、両者の違いを的確に把握していたことも、また確かなことです。あえてわたしの見解を述べさせていただくなら、空海は対外的な理論を『大日経』に、内面的な修行の実践を『金剛頂経』に、それぞれ求めていたのではないでしょうか。


『菩提心論』と『釈摩訶衍論』

『秘蔵宝鑰』を執筆するにあたり、空海は自分の主張が正しいことを証明するために、さまざまな典籍を、まさに縦横無尽に引用しています。典型例は、密教の聖典中の聖典というべき『大日経』と『金剛頂経』です。そのほか、論書とよばれるジャンルの書物もよく引用しています。論書とは聖典の記述をもとに論師、いまなら思想家とか哲学者とよばれるたぐいの人材によって、したためられた書物です。宗教思想書あるいは宗教哲学書と考えていただければ、けっこうです。

『秘蔵宝鑰』で最も頻繁に引用されている論書は、『菩提心論《ぼだいしんろん》』と『釈摩訶衍論《しゃくまかえんろん》』です。この二つの論書なしに、『秘蔵宝鑰』は成り立たないくらいです。いいかえれば、この二つの論書を、少なくともその概要くらいは理解していかないと、『秘蔵宝鑰』は理解できません。

『菩提心論』

『菩提心論』は、『釈摩訶衍論』とともに、真言宗にとって最重要の論書として、修学の対象となってきた書物にほかなりません。空海も、即身成仏という言葉の典拠を、『菩提心論』にもとめていますから、この書物がいかに重要か、一目瞭然です。

『菩提心論』は、古来、龍猛《りゅうみょう》というインド人の著作であり、中国密教を大成した不空《ふくう》（七〇五～七七四）が、サンスクリット原本から漢訳したと信じられてきました。空海もそれを信じて、疑っていません。

まず、この龍猛という人物が問題です。『菩提心論』は密教の書物ですので、書いた龍猛は密教者のはずです。

たしかに、真言密教界の伝統説では、大日如来→金剛薩埵→龍猛→龍智→金剛智→不空→恵果→空海という系譜で、伝授されてきたことになっています。龍猛は、仏菩薩の世界から人間界へと、密教を伝える大切な役割を演じています。

ところが、歴史上の人物として存在したことが確実なのは、金剛智から後です。いいかえると、龍猛と龍智については、実在したのか否かすら、あきらかではないのです。

また、龍猛は、中観派の祖として名高い龍樹《りゅうじゅ》と同一視されてきました。ナーガールジュナというサンスクリット名は、ナーガという言葉とアルジュナという言葉から成り立っています。このうち、ナーガは龍や蛇を意味します。厄介なのはアルジュナです。この言葉は、樹木の名前にもとれれば、英雄の名前にもとれます。そこで、漢訳するにあたり、樹木の名前にとれば龍樹になり、英雄の名前にとれば龍猛になります。

このように龍猛も龍樹も同じナーガールジュナという名前の漢訳なので、龍猛と中観派の祖として名高い龍樹が同一視されることになりました。しかし、中観派の祖としての龍樹と、密教を金剛薩埵から伝授されたという龍猛とでは、生存年代に五百年ほども時間があります。ですから、現代の学問水準からすると、龍猛と龍樹を同一視するのは無理なのですが、空海の時代はまだそんなことまではわかっていませんでした。

ちなみに、七世紀の前半期に、唐からインドへ留学した玄奘《げんじょう》（六〇二〜六六四）三蔵が、著した『大唐西域記《だいとうさいいきき》』に、龍猛という名の僧侶が登場します。チベットの文献を読むと、さらに多くの龍猛が登場します。どうやら、ナーガールジュナという名の人物は、インド仏教の歴史には何人もいた可能性が高いようです。

じつは、密教が栄えてきたチベットでも、ナーガールジュナは密教にとって最重要の人物とみなされてきました。たとえば、ダライラマを最高指導者とあおぐゲルク派は、宗祖のツォンカパ（一三五七〜一四一九）以来、ナーガールジュナとその愛弟子のアーリヤデーヴァを「聖父子」とよび、この二人が、『秘密集会《ひみつしゅうえ》タントラ』という密教経典にもとづいて開発したと伝えられる修行法を、「聖父子流」もしくは「聖者流」と称して、伝承してきた歴史があります。

ゲルク派の場合、中観派が最高の仏教という立場をとりますから、中観派の祖のナーガールジュナと、密教の流派をひらいたナーガールジュナが、同一人物というのは、すこぶるつごうが良いという事情もあります。

『菩提心論』は、その書名がしめすとおり、真言密教の修行者は菩提心、すなわち悟りを求める心を起こして、勝義心《しょうぎしん》・行願心《ぎょうがんしん》・三摩地心《さんまじしん》という、菩薩がなすべき三種の修行を実践せよ、と説いています。勝義心は深般若心《じんはんにゃしん》ともよばれ、仏教のあまたある教えのなかから、真言密教を選びとって、最高の悟りを体得することです。行願心は大悲心ともよばれ、慈悲の心にもとづいて、他者救済を実践し、すべての人々が最高の悟りを得られるように指導することです。勝義心と行願心は、真言密教以外の仏教でも説かれています。しかし、三摩地心は真言密教に独特の修行であり、この修行を実践することによってのみ即身成仏《そくしんじょうぶつ》、すなわち父母から生まれたままの身体で、生きながらにして、すみやかに大いなる仏の境地にいたることが可能になると説かれています。即身成仏は、顕教の段階では説かれませんでしたから、顕教と密教の根本的な相違点でもあります。

そういえば、こんな事例もあります。歌人として有名な西行《さいぎょう》（一一一八〜一一九〇）は密教僧でもありましたが、『菩提心論』を座右の書として修行に励み、また修行の一環として和歌にも詠んでいたようです。その証拠に、歌集の『聞書集《ききがきしゅう》』に、『菩提心論』の要諦ともいうべき勝義心・行願心・三摩地心を題材とする和歌を詠んでいます。

勝義心　いかでわれたにのいはねのつゆけきにくもふむやまのみねにのぼらむ
行願心　おもはずはしのぶのおくへこましやはこえがたかりししらかはのせき
三摩地　をしみおきしかかるみのりはきかざりきわしのたかねの月はみしかど

注目すべきは三摩地心を詠んだ和歌です。だいたいの意味をとると、「こんな高い境地があるとは思いもしなかった。法華経の説く境地とは比べものにならない」というくらいになります。ちなみに、「わしのたかね」は、ブッダが法を説いたと伝えられる霊鷲山《りょうじゅせん》のことで、ひるがえって『法華経』を暗示していると思われます。

以上のような事実から、真言密教にとって、『菩提心論』が掛け値なしに、すこぶる重要な書物だったことが、よくわかります。

『菩提心論』は、さきほど述べたように、龍猛が書き、不空が漢訳したと伝えられてきました。ところが、この伝統説には疑義があります。近年では、ほんとうの著者は不空自身だったのではないか、と推測されています。その可能性はきわめて高く、くつがえすことはもはやできないようです。

『釈摩訶衍論』

『釈摩訶衍論』という書名のなかにある「摩訶衍《まかえん》」は、サンスクリットの「マハーヤーナ（大乗）」の音訳です。ですから、『釈摩訶衍論』は「（注）釈大乗（起信）論」、つまり『大乗起信論《だいじょうきしんろん》』の注釈書を意味しています。

このように、『釈摩訶衍論』は、厳密にいえば、『大乗起信論』という論書の注釈書です。しかし、他には見出しがたい解釈をおこなっているので、論書のジャンルに入れてもさしつかえないと思います。

著者は古来、龍樹と伝えられ、空海もそう認識していました。そして、中国の五胡十六国時代に、羌《きょう》という民族によって、長安に樹立された後秦《こうしん》／姚秦《ようしん》（三八四〜四一七）のころ、かの地で活動していたとされる筏提摩多《ばつだいまた》という人物が、原典から漢訳したと伝えられます。ただし、著者についても漢訳者についても、疑惑だらけです。

そもそも、『大乗起信論』という書物そのものが、疑惑だらけなのです。著者はインドの馬鳴《めみょう》（アシュヴァゴーシャ）とされます。馬鳴（一〜二世紀ころ）といえば、ふつうは仏伝の『ブッダ・チャリタ（仏所行讃《ぶっしょぎょうさん》）』の著者として知られていますが、『大乗起信論』に書かれている内容は、もっとずっと後世になってから成立したものなのです。

しかも、『大乗起信論』は「如来蔵《にょらいぞう》」とよばれる思想を説いているのですが、『大乗起信論』が説く「如来蔵」は、インドの「如来蔵」とはかなり異なっているのです。それやこれやで、この『釈摩訶衍論』は、インドではなく、中国あるいは朝鮮半島あたりで書かれた可能性が指摘されています。

「如来蔵」とは、万人に仏となる可能性が宿っているという思想であり、「仏性《ぶっしょう》」ともよばれます。歴史的には、仏となる可能性どころか、仏そのものが宿っているとみなす極論も登場しました。この思想を説く経典としては、大乗仏典のほうの『涅槃経』が有名です。「如来蔵」や「仏性」の思想は、正統派を自認する学派から、現在にいたるまで、つねに異端視され、否定されつづけてきましたが、万人成仏の理論的な根拠になるため、人々を仏教にみちびくうえで、大きな貢献を果たしてきたことも疑えません。

『大乗起信論』は、東アジアの仏教界ではとても人気のあった文献で、多くの学僧たちが注釈書をのこしています。そのなかでも、『釈摩訶衍論』は独特です。たとえば、不二摩訶衍《ふにまかえん》説や五種言説《ごしゅごんぜつ》がそうです。

不二摩訶衍とは、生まれついての能力（機根《きこん》）とは関係ない絶対的な悟り（果分《かぶん》）にまつわる教えです。その対極に位置するのが、まだ悟りの領域に到達していない者を対象に、生まれついての能力に応じて説かれる三十二の教え（因分《いんぶん》）です。

空海は、この不二摩訶衍を密教に、三十二の教えを顕教に、それぞれあてて、密教の優位性を主張しました。そのいっぽうで、もともと隔絶していたはずの不二摩訶衍（果分）と三十二の教え（因分）を、『釈摩訶衍論』の論法を利用して、連続させることも空海は試みています。

五種言説とは、いっさいの言語を相《そう》言説・夢《む》言説・妄執《もうじゅう》言説・無始《むし》言説・如義《にょぎ》言説の五種類に分け、如義言説のほかの四種類の言語は妄語、つまり真理を表現することができない言語であり、ひとり如義言説だけが真理を表現できるという考え方です。

空海は、『大日経』と『金剛頂経』こそ、この如義言説にほかならず、如来しか知りえない絶対真理を語っていると主張します。ようするに、如義言説のほかの四種類の言語は顕教に、如義言説は密教にあたり、ここでも密教の優位性を主張しているのです。また、そのいっぽうで、不二摩訶衍を論じるときと同じように、如義言説のほかの四種類の言語と如義言説のあいだに連続性を見出すことも試みています。

これらの事例に見られるとおり、空海にとって、『釈摩訶衍論』はじつに利用価値のある書物だったようです。

インド宗教思想史として読み解く十段階

こうみてくると、『秘蔵宝鑰』はインド宗教思想史として読み解けることがわかります。記述のなかには中国の儒教も含まれていますが、第四段階の「心の世界」の末尾に付された十四問答を別にすれば、メインテーマはあくまでインド生まれの宗教思想です。

『秘密曼荼羅十住心論』ではもっとくわしく論じられていますが、あまりに専門的すぎて、しろうとには手に負えません。空海が万全を期したためでしょうが、とにかく引用が多くて、その内容がまた難解きわまるのです。『秘蔵宝鑰』もそうとう難しいのは事実ですが、『秘密曼荼羅十住心論』に比べれば、記述がずっと簡略なので、努力次第ではなんとか読み解けます。

空海が活動していた平安初期のころ、インドの宗教全般について、ここまで広範かつ詳細な知識をもっていた人物は、ほかに考えられません。たとえば、『秘蔵宝鑰』の「第一　性欲と食欲のみに支配された最悪の段階」（異生羝羊心）をひもといて、そこに「建立の浄と不建立の無浄とないし声《しょう》と非声《ひしょう》」という表現を見出し、それがミーマーンサー学派の見解にほかならないことを理解できる人物は、いなかったのではないでしょうか。

空海は、真言宗を修学する者が読むべき文献を網羅するために、弘仁十四年（八二三）、『真《しん》言宗所学経律論目録《ごんしゅうしょがくきょうりつろんもくろく》（三学録）』という書物をあらわしています。この書物には全部で四百二十四巻におよぶリストが掲載されています。そのうちわけは、経が二百巻、梵字の真言讃のたぐいが四十巻、律が百七十三巻、論が十一巻です。

なかでも梵字の真言讃四十巻は、文字どおりサンスクリットの原典であり、まさに空前絶後の規模を誇っています。これだけ膨大な原典を、いったいどこで誰から入手したのか。唐に留学中に、牟尼室利《むにしり》三蔵や般若《はんにゃ》三蔵など、インドからやってきた人物から入手したのであろうと想像されてはいます。

いずれにせよ、このようなことができた人物は、日本仏教の長い歴史を俯瞰しても、空海しか見当たりません。

三　儒教との関係

十四の問答

『秘蔵宝鑰』にあって、『秘密曼荼羅十住心論』にないもの、それは『秘蔵宝鑰』の「第四自我は実在していないと見抜いた段階」(唯蘊無我心)の末尾に付された十四の問答です。この問答こそ、両者の最も大きな違いにほかなりません。

量的にも『秘蔵宝鑰』全体の五分の一を超えて、四分の一に近いほどを占めていますから、半端ではありません。空海が特段の配慮をしたといえます。

この問答は、儒教を信奉する憂国公子《ゆうこくこうし》と、仏教を信仰する玄関法師《げんかんほうし》のあいだでかわされます。まず考えなければならない課題は、なぜ、儒教と仏教のあいだで問答がかわされる必要があったのか、です。つぎに考えなければならない課題は、なぜ、この問答がこの部分に設定される必要があったのか、です。

順序は逆になりますが、こちらの課題のほうが解きやすいので、先に十四の問答が「第四自我は実在していないと見抜いた段階」の末尾に設定された理由を考えておきましょう。『秘蔵宝鑰』全体の構成を見ると、第一段階の心の世界から第三段階の心の世界までは仏教と無縁で、第四段階の心の世界から仏教が登場します。つまり、第三段階の心の世界と第四段階の心の世界のあいだには、大きな違いがあります。そこで空海は、仏教をはじめて登場させた第四段階の心の世界において、仏教以外の思想あるいは哲学として、最も手強い論敵にほかならない儒教をまないたのうえにのせて、論じようと考えたのではないでしょうか。

すでに述べたとおり、問答についやされた文章の量は、『秘蔵宝鑰』全体の二割を超えています。そして、『秘蔵宝鑰』の配分からすると、この問答が始まるのは全体の三割より少し前で、終わるのは全体のちょうど半分より少し前あたりです。さすがは空海、この配分は絶妙と言えるのではないでしょうか。

さて、最初の課題です。この課題を解く鍵の一つは、『秘蔵宝鑰』が書かれた当時の社会状況、とりわけ統治の基本的な理念がなにに求められていたのか、を考えることから得られます。ご存じのとおり、淳和天皇ならびに嵯峨《さが》天皇（七八六〜八四二）の実父だった桓武《かんむ》天皇（七三七〜八〇六）は、中国型の帝王をめざしていたといわれます。

中国型の帝王をめざすのであれば、その統治理念は必然的に儒教となります。禅宗など一部に例外がないとは言いませんが、儒教と仏教はあまり相性が良くありません。儒教を重視すれば、仏教は軽視もしくは無視され、時と場合によって排除や弾圧の対象になりかねません。現に、桓武天皇が平城京から平安京へ遷都したのも、しばしば政治に介入してきた仏教勢力の排除が理由の一つだったというのが、歴史研究者の通説です。

もっとも、桓武天皇の仏教排除は、重い病に苦しむことが多くなった晩年、だいぶ後退しました。病の原因は、後継者をめぐる葛藤から、死に追いやった実弟の早良《さわら》親王が、怨霊と化して祟っているせいであり、怨霊が相手となると、やはり仏教の効験に頼らざるをえないと考えたからです。

嵯峨天皇や淳和天皇時代になると、仏教を排除しようという姿勢は消えていきます。しかし、この時代の為政者たちは諸事万端にわたって中国文化に対する憧れがひじょうに強く、中国文化の基層ともいえる儒教が、桓武天皇のころのように大きな力を復活させる可能性は否めませんでした。たとえば、空海と深い親交のあった嵯峨天皇にしても、天皇が空海に求めたのは、もっぱら中国的な書跡や文物であって、空海を偉大な宗教者として尊敬していた形跡はないという指摘すらあります。

また、空海自身、母方の叔父にあたる阿刀大足《あとのおおたり》から、大学に入学する以前から、『論語』などを学んでいます。阿刀大足は、桓武天皇の第三皇子と伝えられる伊予親王の家庭教師をつとめたほどの学識の持ち主でしたから、空海の儒教に関する知見もなみなみならぬものがあったはずです。ですから、仏教にとって儒教が容易ならぬ敵対者になりうることも、よくわかっていたでしょう。

問答の主旨

なぜ、儒教と仏教のあいだで問答がかわされる必要があったのか、を考えるには、問答の主旨を把握しておかなければ、話になりません。問答そのものは、憂国公子が問い、玄関法師が答えるという形式で進んでいきます。

そこで、以下に、憂国公子の問いと玄関法師の答えを、ごく簡単にまとめてみると、以下のようになります。

1. Q昨今の仏教者にはろくな者がいないのは、どういうわけですか
A今の時代にかぎらず、すぐれた仏教者はそもそも稀ですが、だからといって仏教を否定するのは理不尽です。

2. Qすぐれた仏教者があらわれないのは、なぜですか。

3. A今は劣悪な時代ですから、すぐれた仏教者があらわれにくいのです。

4. Q今のような悪世には、真の仏教者はまったくいないのですか。

A いかに悪世であっても、真の仏教者がまったくいないわけではありません。

5. Q今のような悪世に、真の仏教者はどこにいるのでしょうか。

A和光同塵《わこうどうじん》といって、いるにはいても、なかなか見つけにくいものです。

6. Qいくら見つけにくいといっても、すぐれていれば、おのずから姿をあらわすはずですが。

A物とはちがって、人には心がありますから、すぐれた人はみずから姿を隠してしまうのです。

7. Q今の仏教や仏教者は無為徒食の輩ばかりですが、仏教や仏教者の存在理由は、どこにあるのですか。

Aあなたは仏教者を批判ばかりしていますが、ご自分や官吏の行為は反省しないのですか。仏教者が必要とする金品や食物はごくわずかにすぎません。

Q官吏は国家の仕事をしていますから、国家から俸給を受けるのは当然ですが、仏教者が仏像を礼拝したり経典を読誦したりしても、国家の役には立たないと思うのですが、いかがでしょうか。

A仏を礼拝したり経を読誦したりすることは、またと得難い功徳なのですから、国家の役に立たないはずがありません。

8. Q儒教の聖典を読んだり孔子の像を礼拝したりすることと、仏教者が仏像を礼拝したり経典を読誦したりすることに、異同はありますか。

A儒教と仏教とでは、それぞれの行為がもたらす効験に大きな差があります。儒教の行為では、罪を消したり、災難から逃れることはできません。

9. Q釈迦は口がうまく、功徳を説きましたが、孔子はもっとずっと謙虚で、みずから誇ることはしませんでした。この違いは何ですか。

A孔子や老子は釈迦を尊敬していました。釈迦の言葉に嘘偽りはありません。そんなことを言っていると、地獄に堕ちてしまいますよ。

10. Q仏教が説く最悪の罪、すなわち十悪や五逆をなす者が地獄に堕ちることは道理ですが、仏教を信仰する人を非難したり、仏教そのものを非難したりするのも、悪い結果を生むのですか。

A仏教は人によってひろまり、人は仏教によって悟りに近づくのですから、仏教を信仰する人を非難しても、仏教そのものを非難しても、悪い結果を生むのです。

11. Q仏教に浅い深いはあるのですか。

A仏教には顕教と密教があります。密教は真理そのものにほかならない大日如来がお説きになった教えですから、他の仏教とは比較にならないくらい、すぐれています。

12. Q仏教者が自分とは異なる説を批判することは、仏教を誹謗中傷することにはならないのですか。

A深い教えを知っている人が、慈悲の心にもとづいて、浅い教えしか知らない人を批判するのは、浅いところから深いところへとみちびくことになるので、良いことです。しかし、浅い教えしか知らないのに、名誉欲にかられて、深い教えを批判するのは罪になります。

13. Q①仏教と王法の関係を教えてください。

②仏教者は国難の原因になりますか。

③仏教の社会的な効用は何ですか。

A①仏教と王法は、形は違っていても、意味は一つです。

②災難の原因は時の運、天罰、悪業の報いです。

③仏教があるからこそ、人は正しい道を歩めるのです。

14. Q世に仏教者が必要なことはわかりましたが、それにしても、仏教者でありながら、仏教にそむいている者が多いのは、なぜですか。

Aあなたが信奉している儒教の祖、孔子には三千もの弟子がいましたが、すぐれた者はわずか七十人ほどでした。釈迦の弟子は数えきれないほど多かったのですが、ろくでもない弟子が多かったのも事実です。釈迦がこの世におられた時代でもそうだったのですから、末世の今はなおさらです。しかし、如来の慈悲はいまなお働いていますし、人々も無知ではありませんから、時代の流れや君主の徳いかんで、良くなるはずです。

徹底批判か妥協路線か

ここで、空海がとるべき選択肢は二つあったと考えられます。一つは、儒教と徹底的に論争して、仏教の優位性を訴えておくという道。もう一つは、儒教との妥協点を見出すという道です。

空海は処女作の『聾瞽指帰《ろうこしいき》』において、仏教と儒教と道教を論争させています。道教は、奈良時代まではそこそこの影響力があったようですが、平安時代になると影が薄くなってしまいます。したがって、仏教にとって残された論敵は儒教ということになります。そこで、『聾瞽指帰』以来、得意の論争形式を駆使して、仏教と儒教を四つに組ませたと思われます。

ご存じのとおり、『聾瞽指帰』とその改稿版である『三教指帰《さんごうしいき》』では、仏教が儒教と道教のはるか上に位置づけられています。

しかし、『秘蔵宝鑰』における玄関法師の対応は、憂国公子を完膚無きまでに論破するとか、きびしくやり込めるという態度ではありません。というより、憂国公子の批判めいた問いに、釈明にこれつとめるという気配さえ感じられます。

たしかに、当時は戒律を守らなかったり、権力や地位に執着して、仏教者として本分を忘れた僧尼も少なからずいました。そんな現実をみれば、玄関法師が憂国公子を一方的に攻撃して、圧倒的な勝利をおさめるという構図は、成り立ちようがなかったのです。

この件に関しては、わたしの恩師でもある宗教学者の山折哲雄氏が重要な示唆をしているので、引用しておきます（「後七日御修法と大嘗祭」『不動信仰辞典』）。

空海が全精力を傾注して『十住心論』を撰述し密教思想家としての自己を確立したが、その文中かれは国家と君子の問題を一顧だにせず、またかつて『秘府論』においてみられた儒教的言辞を一切登場させることがなかった。ところがそれにもかかわらず、かれは反転して、その略本である『秘蔵宝鑰』においては、仏法を国家の支配機構のもとに位置づけようとする一段、すなわち玄関法師と憂国公子の問答をそこに挿入している。純粋の仏教概論としての『十住心論』を書きあげたあと、かれは息もつがせず、きびすを接するようにして、王＝仏契合の注釈をその略本につけ加えたのである。……『秘蔵宝鑰』を書いた四年後になって、真言院建立の奏状を朝廷に提出しているのである。『秘蔵宝鑰』に新たに登場する玄関法師と憂国公子の対論は、その後に迫る真言院問題と内面的なつながりがあったのではないか。空海における死を目前にした最晩年の仕事は、そこにいたりつくまでのかれの思想的な営為の、一つの帰結だったのではないか、というのがここでの私の問題意識なのである。

ようするに、空海は第二の選択肢、すなわち儒教を徹底的に批判するのではなく、むしろ儒教との妥協点を見出すという道をえらんだようです。この選択には、空海のリアリストぶりがよくあらわれています。

なぜなら、大唐帝国にならって、宮中に真言院を設置し、鎮護国家のいしずえを築くことは空海の悲願でした。そのためであれば、儒教と妥協することもやぶさかではない。空海はそう考えたにちがいありません。

仏教と儒教のはざまで

淳和天皇も、兄の嵯峨天皇に劣らず、中国文化の讃美者でした。その一端は、淳和天皇が天長四年（八二七）に、勅撰漢詩集の『経国集《けいこくしゅう》』を編纂させている事実からもうかがわれます。

もちろん、空海も作者の一人として、漢詩をよせています。

ちなみに、淳和天皇の「淳和」という諱《いみな》は、「真面目な人」を意味しています。実際に、淳和天皇は真面目な人物だったようです。

興味深いことに、この「淳和」という言葉が、問答（六）に、「今、詩を誦する者の温恵淳和の心なく（いま、『詩経』を朗読する者の心は、『詩経』に書かれているような温和で真面目な心ではなく）」というぐあいにつかわれています。おそらく偶然なのでしょうが、すべての方面に配慮を欠かさなかった空海の行動様式を考えるとき、気になるといえば、気になります。

気になるといえば、『続日本後紀《しょくにほんこうき》』を読むと、承和七年（八四〇）五月、淳和天皇は臨終の床で、こう遺言しています。「予聞。人歿精魂皈天。而空存冢墓。鬼物憑焉。終乃為祟。長貽後累。今宜碎骨為粉。散之山中」。つまり「聞くところでは、人は死ぬと、その霊魂は天に昇るという。したがって墓は空っぽである。（骨に）もののけが憑いて、ついにはあとに残された者たちにながらく祟りかねない。そこでわが骨を砕き、粉にして、山中に撒いてしまいなさい」というのです。

この遺言は、ふつうは儒教にもとづいて薄葬を命じたものと解釈されています。しかし、「（骨に）もののけが憑いて、ついにはあとに残された者たちにながらく祟りかねない」という文言からは、むしろ死後、自分が怨霊と化してしまうことを、淳和天皇が危惧したとしか受けとれません。実父の桓武天皇が早良親王の怨霊に苦しめられたことを思うと、淳和天皇の危惧ももっともでした。

当時、怨霊対策はもっぱら仏教の担当領域でした。事実、空海は問答のなかで、心の領域の救済は、儒教では無理で、仏教にしかできないと強調しています。空海が示唆する心の領域の救済には、怨霊と化した霊魂の救済もふくまれていたと考えられます。しかも、空海が唐からもたらした密教は、怨霊に対して特に効験あらたかと信じられていましたから、「儒教だけに頼っていると、とんでもないことになりますよ」という、いささかならず恫喝めいたものも感じられます。

これらの事情を総合すると、空海が『秘密曼荼羅十住心論』にくわえて『秘蔵宝鑰』を書きあげた真の目的は、この十四問答を、淳和天皇に読ませるためだったのではないか、とさえ思えてくるのです。

四　後世への影響

『秘蔵宝鑰』や『秘密曼荼羅十住心論』は、基本的に他宗派に対する批判の書ですから、空海と同じ時代を生きた仏教者に、衝撃的ともいえる影響をあたえただけではありません。後世へも大きな影響をあたえました。

真言宗からは、さまざまな注釈書が誕生しました。まことに興味深い事実は、『秘密曼荼羅十住心論』の注釈書よりも『秘蔵宝鑰』の注釈書のほうが、圧倒的に多いことです。たとえば、『密教大辞典』（法蔵館）をひもとくと、『秘密曼荼羅十住心論』の注釈書が十程度なのに、『秘蔵宝鑰』の注釈書は四十を軽く超えています。

しかも、『秘密曼荼羅十住心論』の注釈書を書いた人物のうち、歴史に名が残っている人物となると、新義真言宗の祖となった覚鑁《かくばん》（一〇九五～一一四三）、新義真言宗の教学をきずきあげた頼瑜《らいゆ》（一二二六～一三〇四）、華厳宗の僧侶で南都六宗と天台宗ならびに真言宗の教義を要領よくまとめた『八宗綱要《はっしゅうこうよう》』を書いた凝然《ぎょうねん》（一二四〇～一三二一）くらいしかいません。ちなみに、『八宗綱要』は、『秘蔵宝鑰』や『秘密曼荼羅十住心論』が提示する十住心の大系に沿って、記述されています。

それに対し、『秘蔵宝鑰』の注釈書を書いた人物となると、平安中後期の真言宗を理論と実践の両面からささえた済暹《さいせん》（一〇二五～一一一五）、すでにふれた頼瑜、南北朝時代の東寺において真言教学を大成した杲宝《ごうほう》（一三〇六～一三六二）、南北朝時代から室町初期の高野山において真言教学を大成した宥快《ゆうかい》（一三四五～一四一六）、江戸時代初期に新義真言宗智山派の教学を構築した運敞《うんしょう》（一六一四～一六九三）、さらに奈良西大寺を拠点に病人や貧者の救済にきわめて大きく貢献した真言律宗の叡尊《えいぞん》（一二〇一～一二九〇）など、歴史に多大の足跡をのこした錚々たる人物がならんでいます。

この事実はいったいなにを物語るのでしょうか。ありていに言ってしまえば、『秘密曼荼羅十住心論』は大部すぎ、複雑すぎて、扱いづらかったのかもしれません。その点、『秘蔵宝鑰』は、大きすぎず小さすぎず、ちょうど良い分量で、おまけに論旨も明快ですから、真言宗の教義を対外的に主張するにも、また子弟を養成するにも、ずっと利用しやすかったと思われます。そう考えると、『秘蔵宝鑰』のほうが『秘密曼荼羅十住心論』よりも、後世への影響はじつは大きかったといえそうです。

もちろん、批判された宗派からは、反論の書物が続々と登場しました。平安初期に書かれた主な著作としては、天台宗の円珍《えんちん》（八一四～八九一）の『大日経指帰《だいにちきょうしいき》』、同じく天台宗の安然《あんねん》（八四一～?）の『胎蔵金剛菩提心義略問答抄《たいぞうこんごうぼだいしんぎりゃくもんどうしょう》』があります。

円珍は空海の縁者で、空海の甥もしくは姪の息子のようです。所属していたのは、山上の延暦寺ではなく、山下の園城寺《おんじょうじ》（三井寺《みいでら》）でした。

天台宗は『法華経』を根本聖典とする宗派です。そして、隋の天台智顗によってきずきあげられた「五時八教《ごじはっきょう》」を教義としています。これはブッダの教えを五段階に分け、その最後にあたる五時に説かれた『法華経』こそ、最高の仏典とみなす考え方です。ところが、空海の十住心の体系では、天台宗は第八段階に位置づけられます。これは天台宗にとって、決して受けいれられません。おまけに、面倒なことに、平安初期ともなれば、密教に対する待望はきわめて強く、絶対に欠かせませんでした。つまり、『法華経』と密教を両立させなければ、ならなかったのです。

この難題を前に、円珍はかつて誰も試みなかった論理を編み出しました。天台智顗が構想した五時を、さらに初・中・後の三つに分けたうえで、『法華経』を初に、『涅槃経』を中に、『大日経』を後に、おのおの位置づけることで、密教を五時八教のなかに組み入れてしまったのです。これが『大日経指帰』の主張です。かくして、円珍がひきいる園城寺は、『法華経』

を奉じつつ、こころおきなく密教を実践できることになりました。同じ天台宗でも、園城寺系にとりわけ密教色が濃いのは、以上のような事情があったからです。

安然は円仁《えんにん》（七九四〜八六四）の弟子で、山上の延暦寺に居をかまえていました。著書の『胎蔵金剛菩提心義略問答抄』は、空海に真っ向から論駁しています。安然の特徴は、法華経信仰に対する密教の優位を完全に認めた点にあります。師の円仁は、円と密が対等で一致するとみなしました。円珍は、円と密が一致するが、密のほうがやや優位とみなしました。安然は、これまでの見解を超えて、はっきりと密教の優位を主張したのです。専門的な用語をつかえば、「円密一致」から「円劣密勝」へと移行したのです。

その結果、天台宗は長年の劣等感から解放されました。この点に関連して、こんな逸話があります。ある人が夢を見たそうです。その夢のなかで、空海が「自分は第三段階の菩薩にすぎない。第八段階の菩薩である安然にはとてもおよばない」と言って、安然に頭を下げたというのです。

しかし、円劣密勝とまでいってしまうと、天台密教（台密）と真言宗（東密）の違いがよくわからなくなってしまいます。安然はみずからの密教を「真言宗」と呼んでいます。こうなると、天台宗の天台宗たるゆえんの法華経信仰は立つ瀬がなくなってしまいます。それでは、伝教大師最澄の遺訓にそむく。まことにけしからん……。安然に対しては、こういう反発が続出しました。そのため、天台密教を集大成した最重要の人物という評価にもかかわらず、安然は悲惨な晩年を送らざるを得なかったと伝えられます。没年は未詳、生涯を閉じた場所も、比叡山ではなかったようです。もっとも、見方を変えれば、そこまで密教化しなければ、比叡山の法灯は維持できなかったともいえます。

時代はさらにくだって、鎌倉新仏教の祖師たちも、反論の書物をしたためています。典型例は日蓮《にちれん》（一二二二～一二八二）の『真言見聞《しんごんけんもん》』です。『真言見聞』は、法華経至上の立場から、十住心の体系を批判していますが、そのなかで円珍の『大日経指帰』も槍玉にあげられていま す。日蓮にいわせれば、『法華経』に対する密教の優位性を説いているのは許しがたい、ほんとうは円珍の作ではなく、だれかの偽作ではないかとまで述べて、きびしく批判しています。

近世にいたっても批判はやまず、華厳宗の鳳潭《ほうたん》（一六五九～一七三八）が『五教章匡真鈔《ごきょうしょうきょうしんしょう》』を書いて、反論しています。

明治維新以降の近代でも、十住心の体系は生命をたもちつづけています。例をあげれば、東洋大学の前身にあたる哲学館を創始した井上円了《いのうええんりょう》（一八五八～一九一九）が、著書の『仏教活論本論《ぶっきょうかつろんほんろん》・第二編顕正論《けんしょうろん》』と『哲学館講義録・仏教哲学』において、空海の十住心から着想を得たとおもわれる論法を駆使して、かれなりの教相判釈を展開しています。

最近では、立川武蔵氏が著書の『空の思想史』において、井上円了の上記労作をとりあげ、空海が創造した十住心の体系がいまだ有効であることを立証しています。

あとがき

空海の『秘蔵宝鑰』は、わたしが長年にわたって、ぜひとも現代語訳したいと願っていた書物でした。密教の研究をはじめた十代の終わりころから、日本密教をきずきあげた空海の著作を、できるかぎりわかりやすいかたちで、一般の方々に提供したい。それがわたしの念願だったのです。

そして、その念願がかなった今、やはり密教は難しいと痛感しています。

ご存じのとおり、密教はインド仏教の最終走者です。ブッダからはじまって、千年以上にもわたって開発されつづけた智恵の集大成です。それだけに、深さにおいても、広さにおいても、ほかのタイプの仏教とは比較になりません。

しかも、『秘蔵宝鑰』の場合、空海は自説を証明したり補強したりするために、聖典や論書を引用するのですが、その際の博覧強記ぶりが尋常ではありません。まさに手に負えないというのが、偽らざる実感です。現代語訳にあたっては、正直言って、苦労しました。

もし、本書が読者を無用に惑わせない水準に達しているとすれば、その功績のかなりの部分は、編集を担当していただいた豊嶋悠吾さんに帰せられます。真言密教にくわしい豊嶋さんの的確な指摘なしに、本書は成立しませんでした。わたしは常々、著者だけでは本は出版できない、良い編集者が欠かせないと考えています。今回も、その典型例になりました。

また、本が売れない昨今、難解なことでは定評のある『秘蔵宝鑰』の出版に理解を示していただいた佐藤清靖編集取締役には、感謝の言葉もありません。さらに、本書が「出たら、頑張って売ります」と言ってくださった営業部門の鎌内宣行部長さん、吉岡聡さんのお二方。ほんとうにありがとうございます。神田明会長と澤畑吉和社長にも、いつもながらご支援いただき、あつく御礼を申し上げます。

最後になりますが、弘法大師空海像の写真をご提供くださいました広島県大聖院様に感謝申し上げます。

平成二十九年十一月五日

正木　晃

【著者紹介】
正木　晃（まさき あきら）
1953 年、神奈川県生まれ。筑波大学大学院博士課程修了。専門は宗教学（日本・チベット密教）。特に修行における心身変容や図像表現を研究。
主著に『お坊さんのための「仏教入門」』『あなたの知らない「仏教」入門』『現代日本語訳 法華経』『現代日本語訳　日蓮の立正安国論』『再興！ 日本仏教』『カラーリング・マンダラ』（いずれも春秋社）、『密教』（講談社）、『マンダラとは何か』（NHK 出版）、訳書に『マンダラ塗り絵』『世界のマンダラ塗り絵 100』（春秋社）など、多数の著書がある。

現代日本語訳 **空海の秘蔵宝鑰《ひぞうほうやく》**

2017年 12 月 20 日　第 1 刷発行

著　　者	正木　晃
発 行 者	澤畑吉和
発 行 所	株式会社 春秋社
	〒101-0021　東京都千代田区外神田2-18-6
	電話　03-3255-9611（営業）
	03-3255-9614（編集）
	振替　00180-6-24861
	http://www.shunjusha.co.jp/
装 幀 者	河村　誠
印刷・製本	萩原印刷株式会社

ISBN978-4-393-11345-5　　定価はカバー等に表示してあります